Par Daniel Jousse.

DETAIL
HISTORIQUE
DE LA VILLE
D'ORLEANS,

Qui contient une Defcription abrégée de cette Ville, l'État exact de fes differens Chapitres, Communautés, Corps, Jurifdictions & autres Etabliffemens ; la Compétence des differens Tribunaux : un Mémoire fur les Méfures qui font en ufage dans la Province; l'Etat des Foires, Marchés, &c. Et où l'on trouvera auffi plufieurs chofes dont la connoiffance eft néceffaire pour l'ufage ordinaire de la vie.

A ORLEANS,

Chez CHARLES JACOB, Imprimeur Libraire, rue Bourgogne, près S. Sauveur.

Avec Approbation & Privilege du Roi.

AVERTISSEMENT.

ON a crû devoir se prêter à l'empressement du Public, & en particulier à celui de quelques Personnes respectables, en donnant aujourd'hui une nouvelle Edition du *Détail Historique de la Ville d'Orleans*, qui a été imprimé pour la premiere fois en l'année 1736, & qu'on a depuis réimprimé en 1742, avec quelques changemens. On s'est porté d'autant plus volontiers à seconder le zele de ces Personnes, que depuis quelque tems on a eu occasion de faire plusieurs recherches, & d'avoir un grand nombre d'éclaircissemens capables de rendre ce Recueil beaucoup plus utile, & de lui donner le point de perfection dont il est susceptible.

Outre une grande quantité d'Articles nouveaux qu'on y a ajoûtés, &

qui ne font point dans les deux premieres Editions, on y trouvera encore prefque toutes les autres Matieres qui avoient déja paru, traitées avec tout le foin & toute l'exactitude qu'on peut defirer ; furtout ce qui regarde la Ville, & en particulier la competence des Jurifdictions, ainfi que le Memoire fur les differentes Mefures de cette Province.

A l'égard de l'ordre qu'on a fuivi, voici le Plan qu'on s'eft propofé. Après avoir parlé du Gouvernement d'Orleans, & des Corps Ecclefiaftiques, on a cru devoir mettre de fuite tout ce qui a rapport aux Jurifdictions, en commençant par les Jurifdictions ordinaires. On a mis enfuite les Corps, Bureaux, & autres Etabliffemens, qui n'ont qu'une fimple adminiftration ; après quoi on marquera que ceux qui ont été établis pour la garde & feureté de la Ville, & l'exécution des jugemens ; la confervation de la Santé ; l'inftruction de la Jeuneffe ; les Bibliothéques, &c.

Enſuite on a traité des choſes qui
ſont d'un uſage ordinaire & frequent
pour cette Province, & en particulier
pour ORLEANS ; & pour une plus
grande utilité on a crû y devoir join-
dre pluſieurs autres Articles qui ſont
d'un uſage frequent dans la Société
civile.

Enfin on n'a rien négligé pour
rendre cet ouvrage complet, & l'on
eſpere que le Public trouvera dans
l'Edition qu'on donne aujourd'hui
tout ce qu'on peut deſirer dans un Ouvrage de cette eſpece.

Mais ſi malgré toutes les précau-
tions qu'on a priſes, il s'étoit gliſſé
quelques erreurs dans l'Ouvrage ;
ſurtout à l'Article du Rapport des differentes Meſures de Grains, & des
Foires & Marchés, on eſpere que le
Public voudra bien uſer d'indulgence
à cet égard, à cauſe de la difficulté
qu'il y a d'avoir là-deſſus tous les
éclairciſſemens neceſſaires. On prie
ceux qui obſerveront ces erreurs,
d'en avertir l'Imprimeur, afin qu'on
puiſſe les corriger par la ſuite , ſi l'on

eſt dans le cas de le faire réim-
primer ; & l'on eſt perſuadé que l'a-
mour du bien & de l'avantage public
engagera à avoir cette attention, de
même que c'eſt ce ſeul motif qui a
engagé à prendre le ſoin de cet
Ouvrage.

Au reſte on prie les Lecteurs,
(ainſi qu'on l'a déja fait dans la premiere Edition ,) d'être perſuadés
qu'on n'a point du tout prétendu ici
regler les Rangs, ni décider de l'ordre
des Préſeances entre les Compagnies,
Communautés, Officiers, ou Particuliers, qui ſont compris dans ce Recueil ; mais ſeulement de mettre les
choſes dans la ſuite qui a paru la plus
naturelle ; & c'eſt à quoi on s'eſt
uniquement attaché.

CORRECTIONS.

Page 40.   *Bailli de ſaint Victor*,
   Liſez,   Mr. Levéville, rue des gr. Ciſeaux.

Page 89. Mrs. Jſambert de Bagnaux, ⎫ *Préſidens*
            Taſſin des Hauts-champs, ⎬ *en* 1751.

Page 110. *Treſorier de la Maréchauſſée* ,
   Liſez,   Mr. Leclerc, rue des Minimes.

TABLE DES MATIÉRES.

APPROBATION.

J'AY lû par Ordre de Monseigneur le Chancelier un Livre intitulé *l'Etat préfent ou Détail Hiftorique de la Ville d'Orleans, &c.* Je n'y ai rien trouvé qui puiffe en empêcher l'impreffion. A Paris, ce 15 Octobre 1750. SAINT-GERMAIN.

PRIVILEGE DU ROY.

LOUIS par la grace de Dieu, Roi de France & de Navarre, à nos amés & feaux Confeillers, les Gens tenans nos Cours de Parlement, Maitres des Requêtes Ordinaires de notre Hôtel, Grand Confeil, Prevôt de Paris, Baillifs, Sénéchaux, leurs Lieutenans Civils, & autres nos Jufticiers qu'il appartiendra, Salut. Notre amé CHARLES JACOB, Nous a fait expofer qu'il defireroit faire imprimer & donner au Public un Ouvrage qui a pour titre *Détail Hiftorique de la Ville d'Orleans*, s'il Nous plaifoit lui acorder Nos Lettres de Permiffion pour ce néceffaires. *A ces Caufes*, voulant favorablement traiter l'Expofant, Nous lui avons permis & permettons par ces Préfentes de faire imprimer en un ou plufieurs Volumes, & autant de fois que bon lui femblera, & de le faire vendre & debiter par tout notre Royaume pendant l'efpace de trois années confécutives, à compter du jour de la date des Préfentes : faifons défenfes à tous Imprimeurs, Libraires & autres Perfonnes de quelque qualité & condition qu'elles foient, d'en introduire d'impreffion étrangere dans aucun lieu de notre obéiffance ; à la charge que ces Préfentes feront enregiftrées tout au long fur le Regiftre de la Communauté des Imprimeurs & Liraires de Paris dans trois mois de la date d'icelles ;

que l'Impreſſion dudit Ouvrage ſera faite dans notre Royaume & non ailleurs, en beau Papier & beaux Caractéres, conformement à la feüille imprimée, attachée pour modéle ſous le contreſcel des Préſentes, que l'Impétrant ſe conformera aux Réglemens de la Librairie, & notamment à celui du 10 Avril 1725, qu'avant de l'expoſer en vente, le Manuſcrit qui aura ſervi de copie à l'Impreſſion dudit Ouvrage ſera remis dans le même état où l'Approbation y aura été donnée, ès mains de notre très-cher & féal Chevalier Chancelier de France le Sieur De la Moignon, & qu'il en ſera enſuite remis deux Exemplaires dans notre Bibliothéque publique, un dans celle de notre Chateau du Louvre, un dans celle de notredit très-cher & féal Chevalier Chancelier de France le Sieur De la Moignon, & un dans celle de notre très-cher & féal Garde des Sceaux de France le Sieur De Machault, Commandeur de nos Ordres, le tout à peine de nullité : du contenu deſquelles vous enjoignons de faire joüir ledit Expoſant & ſes ayans cauſes, pleinement & paiſiblement, ſans ſouffrir qu'il leur ſoit fait aucun trouble ou empêchemens ; voulons qu'à la Copie des Préſentes qui ſera imprimée tout au long au commencement ou à la fin dudit Ouvrage, foi ſoit ajoutée comme à l'original : Commandons au premier Huiſſier ou Sergent ſur ce requis de faire pour l'exécution d'icelles tous Actes requis & neceſſaires, ſans demander autre permiſſion, & nonobſtant Lettres à ce contraires : CAR tel eſt notre plaiſir. DONNE' à Verſailles le 10 Fevrier l'an de grace 1751, & de notre regne le trente-ſixiéme. Par le Roi en ſon Conſeil. Signé, SAINSON.

Regiſtré ſur le Regiſtre XII de la Chambre Royale des Libraires & Imprimeurs de Paris, N. 550. Fol. 425. conformement aux anciens Reglemens confirmés par celui du 28 Février 1723. A Paris le 16 Février 1751.

LEGRAS, Syndic.

DESCRIPTION
DE LA VILLE
D'ORLEANS.

O RLEANS, Ville Capitale du Duché de ce nom, & l'un des trente-fept Gouvernemens de France, eft bâtie fur la Rive droite de la Loire, & prefqu'au milieu du cours de ce Fleuve, qui lui facilite un Commerce général avec la plus grande partie des Villes du Royaume, & même avec les Étrangers, par le moyen des deux Mers avec lefquelles il communique.

Sa fituation prife au Clocher de fainte Croix, eft à 47 degrés 54 minutes o fecondes de latitude feptentrionale, & à 18 degrés 25 minutes 45 fecondes de longitude, ou à 25 minutes 45 fecondes de diftance occidentale du Méridien de l'Obfervatoire de Paris ; ce qui donne 1 minute 43 fecondes de tems de différence entre ces deux Méridiens, & fait que le Midi arrive tous les jours à Orleans plû-tard d'une minute 43 fecondes qu'à Paris.

La Forêt d'Orleans, qui n'eft éloignée que d'une

A

lieüë ou environ de cette Ville, l'environne prefqu'entiérement, excepté du côté du Midi. L'étenduë de cette Forêt eſt d'environ vingt lieüës ſur
deux de largeur; elle contient cent dix mille Arpens,
dont il en appartient cinquante mille à M. le Duc
d'Orleans, & le ſurplus à des Communautez ou
Particuliers.

Cette Ville étoit déja illuſtre du tems de Jules
Ceſar, ainſi qu'il paroît par ſes Commentaires. Elle
eſt aujourd'hui une des principales Villes du Royaume, tant par ſon commerce que par le nombre
de ſes Habitans. Elle eſt auſſi le ſéjour de l'Evêque
& de l'Intendant, comme étant la premiere du
Diocèſe & de la Généralité.

ORLEANS, après avoir été d'abord ſous la do-
mination des Chartrains auſquels elle doit ſa fondation, ſuivant l'opinion la plus commune, a paſſé
enſuite ſous celle des Romains lorſqu'ils firent la
conquête des Gaules.

Dans le commencement de la Monarchie françoiſe
après la mort de Clovis, elle dévint la Capitale
d'un Royaume particulier ſous Clodomir, & enſuite
ſous Gontran, Childebert & Thierry, après quoi
elle fut réünie à la Couronne. Depuis elle a été gou-
vernée par des Comtes ou Seigneurs particuliers,
dont elle dévint inſenſiblement le Patrimoine juſqu'à
Hugues Capet, qui la réunit de nouveau à la Couronne en l'année 987. Depuis ce tems-là elle y eſt
toujours reſtée unie juſqu'en l'année 1344, que
cette Ville, ainſi que les Châtellenies qui compo-
ſoient le Duché d'Orleans, furent données en appanage par Philippe de Valois à Philippe ſon ſecond
Fils. Elle a depuis été poſſedée ſucceſſivement à ce
titre par pluſieurs Enfans de France, & elle l'eſt
encore aujourd'hui.

L'Enceinte des murs de la Ville d'Orleans eſt de

2577 toifes ou de 3093 pas geometriques. Cette Ville a la figure d'un Arc dont la Riviére eft la corde. Sa plus grande longueur prife depuis la Porte Bourgogne jufqu'à la Porte Madeleine eft de 1012 toifes, & fa plus grande largeur prife depuis la Porte Bannier jufqu'à la Porte du Pont eft de 560 toifes. La longueur de l'ancien Pont eft de 182 toifes.

Le nouveau Pont aura 165 toifes de longueur d'une culée à l'autre, & fera compofé de neuf Arches, dont celle du milieu aura 100 pieds d'ouverture, & les autres iront enfuite en diminuant chacune de deux pieds de part & d'autre, en allant vers les culées. La largeur de ce Pont fera de 46 pieds, y compris l'épaiffeur des Parapets, & les Trotoirs ou Banquettes feront chacun de 8 pieds.

L'ancienne Enceinte d'Orleans ne renfermoit que ce qui eft compris entre les ruës du Bourdon blanc, de l'Evêché jufqu'aux Jefuites, de fainte Catherine, & depuis la Porte du Pont jufqu'à la Tour-neuve. Cette Enceinte formoit un quarré long, dont les côtés feptentrional & méridional avoient chacun 280 toifes ou environ, & les côtés oriental & occidental chacun 250 toifes; & une furface de 70000 toifes quarrées; ce qui ne faifoit qu'environ la cinquiéme partie de l'étenduë ou de la furface préfente de la Ville.

ORLEANS a été augmenté deux fois confiderablement. La premiere accruë eft de l'année 1328 fous Philippe de Valois, qui augmenta la Ville de tout ce qui eft compris entre la Porte du Pont & celle de Recouvrance, enfuite en tirant de la Porte de Recouvrance par le milieu du Cimetiére de faint Paul jufqu'à la Porte Renard, & de là à l'extremité feptentrionale de la ruë de la vieille Poterie jufqu'au coin des Jefuites : par ce changement la Ville fut augmentée de plus d'un tiers.

La feconde accruë s'eft faite fous les Rois Loüis XI. & Charles VIII. en 1440 & 1449, fçavoir, du côté de la Porte Bourgogne fous Loüis XI. & du côté de la Beauce fous Charles VIII. & renferme la Ville telle qu'elle eft aujourd'hui. Dans cette feconde accruë la Ville a été entourée de murs épais défendus par des Tours placées d'efpace en efpace, & par des Foffés qui ont vingt toifes de largeur.

Suivant ces obfervations l'ancienne Ville contenoit 70000 toifes quarrées en fuperficie, & après fa premiere accruë environ 100000. La nouvelle en contient 300000, ce qui fait deux cens foixante-dix Arpens, non compris les Fauxbourgs.

On compte dans l'Enceinte d'Orleans dix Portes, dont cinq ouvrent fur la Riviere, y compris la Porte nouvellement conftruite, & fept Poternes, ou Guichets, qui ouvrent auffi du côté de la Riviere; vingt-fix Tours, dont la pluípart de celles qui font, fur les Remparts ont été réduites par le haut en plate forme; deux Forts, qui font les Tourelles & la Tour-neuve; & trois Places principales, qui font, le Martroy, l'Etape, & le vieux Marché.

Les principales Promenades font, le Mail, qui a de longueur 471 toifes & demie; la grande Motte, le petit Mail; & en général les autres Remparts de la Ville; & le Port, fans y comprendre les Places dont on vient de parler, & le grand Cimetiére, qui fervent auffi de Proménades ordinaires à une partie des Habitans.

Les huit Fauxbourgs font, le Fauxbourg Bannier; celui de la Porte faint Vincent; le Fauxbourg Bourgogne; les Fauxbourgs de faint Marceau, du Portereau Tutelle & de faint Jean le Blanc; le Fauxbourg de la Porte-Madeleine, & le Fauxbourg faint Jean. Ces Fauxbourgs font très-étendus; celui de la Porte Bannier a près de 1500 toifes: (ce qui

fait près d'une lieüe de longueur ;) & celui de faint
Marceau, du côté d'Olivet, en a plus de 1000.

La Ville d'Orleans, y compris fes Fauxbourgs &
Franchifes, contient environ 6000 Maifons, 11400
Feux, & 260 Ruës.

Le Marché au Bled fe tient deux fois la femaine ;
le Mercredi & le Samedi ; & il s'y vend chaque femaine du fort au foible 1500 muids de bled mefure
d'Orleans, dont les deux tiers fe confomment dans
la Ville, & l'autre tiers aux environs.

Outre les Boulangers de la Ville, Fauxbourgs &
Banlieüe, il y a les Mercredis & Samedis un Marché
pour le Pain, qui y eft apporté par les Boulangers
du déhors, comme de Meun, Cleri, faint Mefmin.
Quelques Boulangers en portent auffi au petit Marché de la Porte Bourgogne.

Les Boucheries font au nombre de cinq, dont deux
grandes, qui font, la Boucherie du grand Marché,
& celle de la Porte Renard ; & trois petites, qui
font, celles de faint Germain, du Portereau & de
la Porte Bannier. Ces Boucheries font ouvertes tous
les jours, (excepté les Vendredis, & pendant tout
le Carême, où l'on ne vend de la viande pour les
Malades qu'à l'Hôtel-Dieu, qui en a le privilege
exclufif.)

Il y a auffi deux Poiffonneries, fçavoir ; celle du
grand Marché, & celle de la Porte Renard.

Outre le Marché au Bled, il y en a plufieurs autres, fçavoir ; le Marché pour la vente de la Volaille, qui fe tient le Samedi, le vieux Marché pour
la vente des Bêtes Aumailles, Porcs & Veaux,
qui fe tient les Vendredis & Samedis : Les petits
Marchés pour le Pain des Boulangers du déhors ; le
grand Marché pour les Fruits & Légumes : le Marché au Beurre : l'Etape pour la vente des Vins &
de l'Ozier : le petit Marché de la Porte Bourgogne, &c.

Il y auſſi une Place pour la vente des Cuirs, qui ſe tient aux Halles tous les Mercredis & Samedis ; & une pour les Suifs, qui ſe tient tous les Vendredis dans la Cour du Châtelet : le Poids-le-Roy ſe tient auſſi dans cette Cour.

A l'égard des Foires, il n'y en a qu'une ſeule dans toute l'année. Elle ſe tient dans le Cloître de ſaint Agnan, le 18 Novembre, lendemain de la Fête de ſaint Agnan.

On compte dans la Ville d'Orleans deux Corps de Marchands ; ſçavoir, celui des Drapiers & anciens Marchands de Soye, qui ont un Bureau dans l'Hôtel de Ville, & celui des Marchands Bonnetiers tant au Tricot qu'au Métier, érigés en Corps en 1739. Outre ces deux Corps de Marchands, on y compte 70 Communautés ou Corps de Métiers, dont 40. ſont en Jurande : 8 Rafineries pour le Sucre, & 10 Blanchiſſeries pour la Cire. Il y avoit auſſi autrefois une Verrerie, mais elle eſt maintenant établie au Bourg de Fay.

La Ville d'Orleans, & ſes Franchiſes, renferment une Abbaïe d'Hommes, qui eſt celle de ſaint Euverte; quatre Chapitres ; ſçavoir, celui de ſainte Croix, qui eſt la Cathedrale ; le Chapitre Roïal de ſaint Agnan, & les Chapitres de ſaint Pierre Empont & de ſaint Pierre le Puellier.

Le Chapitre de la Cathedrale eſt compoſé du Doyen, qui eſt élu par le Chapitre & pris du Corps des Chanoines capitulans, d'onze autres Dignités qui ſont à la nomination de M. l'Evêque, à la reſerve de l'Archiprêtre qui eſt nommé alternativement par l'Evêque & par le Doyen d'Orleans ; de 46 Chanoines capitulans, dont un eſt Théologal, 6 Semi-Prébendés, & 6 de Réſidence étroite, tous à la nomination de M. l'Evêque ; de deux Chanoines nés, qui ſont, les Abbés de ſaint Euverte & de faint Mefmin, & de deux autres Chanoines à l'Autel faint Mamert non capitulans, à la collation du Chapitre.

· Le Chapitre de faint Agnan eſt compoſé d'un Abbé & Chanoine Honoraire, qui eſt le Roy, aujourd'hui repreſenté par M. le Duc d'Orleans, comme Appanagiſte; du Doyen, qui eſt à la nomination du Roi, ou de M. le Duc d'Orleans qui le repréſente; de 7 autres Dignités, qui ſont à la nomination du Doyen; de 31 Chanoines, dont deux ont des Prébendes Presbytérales, & ſont de réſidence étroite, tous à la nomination & collation du Chapitre; de deux Prébendes réguliéres auſſi de réſidence, affectées aux Prieurs de faint Flou & de faint Hilaire d'Orleans, dont le premier eſt à la nomination de l'Abbé de faint Jean de Sens, & le ſecond à la nomination de l'Abbé de faint Euverte d'Orleans; & de deux Chanoines Semi-Prébendés, à la collation du Chapitre.

Le Chapitre de faint Pierre Empont eſt compoſé de trois Dignités & de 16 Prébendes canoniales, qui ſont toutes à la nomination de M. l'Evêque.

Le Chapitre de faint Pierre le Puellier eſt compoſé de trois Dignités & de huit Prébendes canoniales, toutes à la nomination de M. l'Evêque.

Outre ces Chapitres, Orleans renferme dans la Ville & ſes Fauxbourgs vingt-ſept Paroiſſes, dont cinq ſont Prieurez-Cures, (qui ſont, faint Euverte, faint Donatien, faint Hilaire, la Conception & faint Maclou;) deux ſont ſuccurſales, qui ſont, Recouvrance & faint Sulpice; & une dont la Cure a deux portions, qui eſt faint Paul. De ces Paroiſſes, 23 ſont dans la Ville, & les 4 autres dans les Fauxbourgs & Franchiſes. Ces dernieres ſont celles de faint Marceau, faint Laurent, faint Marc & faint Vincent.

Une Commanderie de Malthe;

Douze Communautés religieuses d'Hommes;

Dix Communautés religieuses de Filles.

Sept Chapelles en titre de Bénéfices, non compris celles des Chapitres.

Un Séminaire qui en renferme deux; l'un pour l'Étude de la Théologie, & l'autre pour la Philosophie & les Mathématiques.

Un Hôtel de Ville composé d'un Maire & de cinq Echevins, dont un est Receveur : trois d'entr'eux sont toujours choisis parmi les Officiers, & les trois autres parmi les Marchands. Quand le Maire est Officier, le Receveur est Marchand; & au contraire. Ils exercent leurs fonctions pendant trois années consécutives, & tous les ans on procede à l'élection de deux nouveaux Officiers, & deux sortent d'exercice. Cette élection se fait le second Lundi de Mars. On doit proceder en 1752 & 1753 à l'élection de deux Echevins, & en 1754 à l'élection d'un Maire & d'un Receveur; & ainsi de suite de trois ans en trois ans.

Le Corps de Ville est aussi composé d'un Greffier, de deux Avocats Conseillers de Ville, de deux Notaires, & de deux Procureurs. Mrs. les Maire & Echevins font toutes les fonctions de Gouverneurs en l'absence de Mr. le Duc d'Antin; & ils ont, tant pour leur garde que pour le service de la Ville, une Compagnie à leur solde, composée de cinquante Hommes commandés par un Capitaine, un Enseigne, & cinq Dixainiers.

Une Université où l'on enseigne le Droit, composée d'un Chancelier, de cinq Docteurs-Regens ou Professeurs, dont un est pour le Droit François; de huit Docteurs Aggregés; d'un Procureur Syndic, d'un Greffier, & d'un Bedeau général.

Un College de Jesuites pour les Humanités & la Philosophie.

Deux Sociétés Littéraires.

Trois Bibliothéques publiques, ſçavoir; celle des Benedictins, celle de ſainte Croix, & celle des Allemands.

Un Hôtel-Dieu.

Un Hôpital général de Fondation Royale.

Un autre Hôpital, appellé le Sanitas, pour les Inſenſés.

Un Bureau de Charité pour les Pauvres & Ecoles de Charité des Paroiſſes de Campagne.

Une Academie Royale d'Arquebuſiers, (dont l'exercice & les fonctions ſont interrompuës depuis cinq à ſix ans,) compoſée d'un Capitaine, d'un Lieutenant, d'un Enſeigne, d'un Prévôt, & de cent Chevaliers, qui ont été fixés à ce nombre par un Reglement de M. le Duc d'Antin de l'an-née 1731.

Un Corps de Bourgeoiſie pour la garde de la Ville, compoſée de dix Compagnies, qui ont pour Officiers dix Capitaines volontaires, dont un fait les fonctions de Colonel, un Major, dix Lieutenans, dix Enſeignes, un Garçon Major, trente Sergens & ſoixante-dix Caporaux.

Une Compagnie du Guet pour le bon ordre & la tranquillité publique. Elle eſt compoſée d'un Che-valier du Guet, de ſon Lieutenant, d'un Greffier-Controlleur, de 8 Brigadiers, & de 22 Archers.

Trois Brigades de Maréchauſſée réſidentes à Or-leans, compoſées chacune de cinq Hommes, dont une eſt commandée par un Exempt, une par un Brigadier, & une autre par un Sou-Brigadier, outre le Prévôt Général & deux Lieutenans, qui ont auſſi leur réſidence à Orleans.

Il y a de plus une Compagnie de Gardes à cheval, commandée par un Capitaine, un Lieutenant, & un Cornette, pour la garde de M. le Gouverneur, quand il fait fa réfidence à Orleans.

On compte dans Orleans plufieurs Jurifdictions;

Le Baillage & Siege Préfidial, auquel la Prévôté a été réünie par Edit du mois de Mars 1749. compofé d'un Grand Bailli, de deux Préfidens, d'un Lieutenant Général, d'un Lieutenant Particulier-Affeffeur civil & criminel, d'un Chevalier d'Honneur, de feize Confeillers, de deux Confeillers d'Honneur, de deux Avocats du Roi, d'un Procureur du Roi, d'un Greffier civil, d'un Greffier criminel, & de huit Huiffiers Audienciers.

Le Bureau des Finances compofé de deux Préfidens, d'un Chevalier d'Honneur, de vingt-quatre Treforiers, dont un eft Auditeur des Comptes, d'un Avocat, & d'un Procureur du Roi pour le Domaine, d'un Avocat & d'un Procureur du Roi pour la Finance, de deux Greffiers, & de fept Huiffiers, dont un Garde-Meuble, & fix Audienciers.

Le Siége de la Police, dont les Offices font, un Lieutenant Général de Police, un Procureur du Roi, un Greffier, fix Commiffaires, un Juré-Etalonneur, & trois Huiffiers Audienciers, non compris le premier Huiffier.

Dix-neuf Juftices Seigneuriales, dont chacune eft compofée d'un Bailli, d'un Procureur Fifcal, & d'un Greffier.

Le Châtelet d'Orleans eft encore compofé de trente-trois Notaires Royaux, qui ont le droit d'inftrumenter par tout le Royaume, & qui font, auffi Notaires Ecclefiaftiques.

De trente Procureurs-Poftulans : il y en avoit ci-devant quatre-vingt-quatre.

De foixante-feize Sergens Royaux au Baillage, huit Sergens Fieffez, & vingt autres Sergens Roïaux de collocation en differens endroits du Baillage, somme à Meun, Pithiviers, Jargeau, Cleri, Beaune en Gâtinois, &c.

Outre les Jurisdictions dont on vient de parler, il y a encore;

Le Siége des Eaux & Forêts composé de deux Maîtres Particuliers, dont l'un est Ancien, & l'autre Alternatif; d'un Lieutenant, d'un Garde-Marteau, d'un Procureur du Roi, d'un Greffier, de deux Arpenteurs, de quatre Huissiers Audienciers, & d'un Collecteur des Amendes

Deux Capitaineries des Chasses; l'une pour la Beauce, composée d'un Capitaine, de deux Lieutenans, de deux Sous-Lieutenans, d'un Rachasseur, & de 24 Gardes : Et une autre pour la Sologne, composée d'un Capitaine, de deux Lieutenans, dont un de Robbe-longue, d'un Sous-Lieutenant, & de 12 Gardes.

La Chambre du Terrier pour tout le Domaine; qui dépend de l'Appanage de M. le Duc d'Orleans, créée par Lettres Patentes du 29 Mars 1743, composée de cinq Commissaires, d'un Procureur du Roi, & d'un Greffier, aussi établis par commission.

Le Siége de l'Election composé d'un Président, d'un Lieutenant, de six Assesseurs, d'un Procureur du Roi, d'un Greffier, & de deux Huissiers Audienciers.

Le Grenier à Sel composé d'un Président, d'un Grenetier, de deux Offices de Contrôleurs, d'un Procureur du Roi, d'un Greffier, & de quatre Sergens, dont le premier est Huissier Audiencier.

Une Jurisdiction & Hôtel des Monnoyes, composée de deux Juges-Gardes, d'un Contrôleur, d'un Procureur du Roi, d'un Directeur-Tresorier, d'un Essayeur, d'un Graveur, d'un Greffier, de deux Huissiers Audienciers, de douze Monnoyeurs & de douze Ajusteurs.

La Jurifdiction du Lieutenant des Maréchaux dé France, compofée du Lieutenant de Mrs. les Maréchaux de France, d'un Office de Confeiller-Rapporteur, d'un Greffier, & de plufieurs Archers-Gardes de la Connetablie.

Une Jurifdiction Confulaire créée dès l'année 1563, compofée d'un Juge, de quatre Confuls, de quatre Confeillers-Auditeurs, qui n'ont point de voix délibérative, d'un Greffier, de quatre Procureurs-Poftulans nommés par le Confulat, & de cinq Huiffiers Audienciers.

L'Officialité du Diocèfe compofée d'un Official, d'un Vicegerent, d'un Promoteur, d'un Greffier, & deux Appariteurs.

L'Officialité du Chapitre fainte Croix, compofée d'un Official, d'un Promoteur, & d'un Greffier.

Le Bureau des Decimes, compofé de M. l'Evêque, ou d'un de fes Vicaires Généraux, de deux Députés du Chapitre fainte Croix, d'un Député du Chapitre faint Agnan, d'un Député pour le Clergé Séculier, d'un Député pour les Réguliers, du Syndic du Clergé, & d'un Greffier.

Le Bureau pour la Réédification de l'Eglife fainte Croix, compofé de M. l'Evêque, du Corps des Treforiers, de trois de Mrs. les Grands Vicaires, & de deux autres Commiffaires, tous nommés par le Roi, ainfi que le Réceveur, & d'un Greffier commis par le Bureau.

Le Bureau des Marchands Fréquentans la Riviére de Loire, compofé de deux Préfidens, de quatre Adjoints, & d'un Greffier.

Les Armes de la Ville d'Orleans font de Gueule à trois Quinte-Feuilles d'Argent au Chef coufu de France.

SUITE CHRONOLOGIQUE
DES ROIS ET DUCS D'ORLEANS.

ROIS.

Années

511. CLODOMIR, Roi d'Orleans, commença à régner après la mort du Grand Clovis : Il mourut en 524.

561. GONTRAN, Roi de Bourgogne & d'Orleans, meurt en 594.

594. CHILDEBERT, son Neveu, Roi d'Austrasie & d'Orleans, mort en 596.

596. THIERRY son Fils, Roi de Bourgogne & d'Orleans, mort en 613.

DUCS D'ORLEANS.

1344. PHILIPPES, Premier Duc d'Orleans, Fils Puîné de Philippes de Valois ; le Duché d'Orleans fut érigé pour lui en Duché-Pairie : Il mourut en 1375, & par sa mort le Duché fut réuni à la Couronne.

1391. LOUIS, Frere de Charles VI. reçoit de de lui le Duché d'Orleans en appanage : il mourut en 1407.

1407. CHARLES Fils de Loüis, Duc d'Orleans, lui succede au Duché : Il mourut en 1465.

1465. LOUIS, Fils de Charles, lui succede : il devient Roi en 1498, sous le nom de Loüis XII.

1519. HENRY Fils de François I. porta le titre de Duc d'Orleans jufqu'à la mort de fon Frere aîné, arrivée en 1536, qu'il prit le titre de Dauphin : Il dévient Roy fous le nom d'Henry II.

1540. CHARLES Frere d'Henry II. eût Orleans en Appanage : Il mourut en 1545.

1548. LOUIS fecond Fils d'Henry II. porta le nom de Duc d'Orleans depuis fa naiffance jufqu'à fa mort arrivée en 1550.

1550. CHARLES-MAXIMILIEN, troifiéme Fils d'Henry II. après la mort de Loüis fon Frere, porta le nom de Duc d'Orleans jufqu'en 1560, qu'il dévint Roy fous le nom de Charles IX,

1566. HENRY, quatriéme Fils d'Henry II. eût le Duché d'Orleans en appanage jufqu'en 1568, qu'il quitta le nom de Duc d'Orleans, & prit celui de Duc d'Anjou : il dévint Roy fous le nom d'Henry III.

1569. CATHERINE DE MEDICIS eût le Duché d'Orleans, qui lui fut donné en ufufruit pour fon Doüaire, qu'elle garda jufqu'à fa mort arrivée en 1589.

1607. N. de France, fecond Fils d'Henry IV. porta le Nom de Duc d'Orleans jufqu'à fa mort arrivée en 1611.

1626. GASTON-JEAN-BAPTISTE, Frere Puifné de Loüis XIII. eût Orleans en appanage jufqu'à fa mort arrivée en 1660.

1661. PHILIPPES de France, Frere de Loüis XIV. eût Orleans en appanage Il mourut en 1701.

1701. PHILIPPES fon Fils lui a fuccedé au Duché d'Orleans : il eft mort en 1723.

1723. LOUIS fon Fils, aujourd'hui vivant, à préfent Duc d'Orleans.

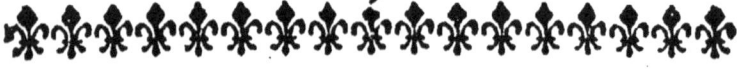

GOUVERNEMENT D'ORLEANS.

L'Ancien Gouvernement d'Orleans comprenoit l'Orleanois, le Blaisois, le Vendômois, le Païs Chartrain, le Maine, le Perche, le Nivernois, Partie du Gâtinois, le Berry, la Touraine, l'Anjou, le Poitou, le Païs d'Aunis, & l'Angoûmois.

Le nouveau comprend l'Orleanois, la Beauce & Païs Chartrain, le Perche-Goüet, le Dunois, Partie du Gâtinois, le Blaisois, & le Vendômois.

Ce Gouvernement est composé d'un Gouverneur, de trois Lieutenans Généraux de Provinces & de quatre Lieutenans de Roy,

Il y a outre cela,

Sept Grands Baillifs, qui sont ceux d'Orleans, Blois, Chartres, Montargis, Vendôme, Dourdan & Gien.

Cinq Lieutenans de Mrs. les Maréchaux de France, qui sont établis à Orleans, Chartres, Blois, Dourdan & Vendôme.

Douze Gouverneurs particuliers des Villes & Châteaux, qui sont ceux des Villes d'Orleans, Chartres, Blois, Montargis, Vendôme, Gien, Dourdan, Beaugency & Châteauneuf, & des Châteaux de Vendôme & de Dourdan.

GOUVERNEUR.

Mr. le Duc D'ANTIN, Gouverneur de la Ville d'Orleans, Duché & Païs Orleanois, Blaisois, Chartrain, Dunois & Vendomois, depuis 1736.

LIEUTENANS GENERAUX.

Mr.   Lieutenant Général de
l'Orleanois, qui comprend les Baillages d'Orleans,
d'Etampes, de Gien & de Montargis.

Mr. DU BRISEY, Marquis de Denonville,
Lieutenant Général du Païs Chartrain & Beauce.

Mr. le Marquis DE CLERMONT D'AMBOISE,
Lieutenant Général du Blaisois, qui comprend le
Dunois, le Vendômois & le Baillage d'Amboise.

LIEUTENANS DE ROY.

Mr. CHAMBON, Marquis d'Arbouville, Lieutenant de Roi au Département d'Orleans & de
Beaugenci.

Mr. DE BULLION, Marquis de Fervaques,
Lieutenant de Roi au Département de Chartres &
Païs Chartrain.

Mr. PHELIPPEAUX D'HERBAULT, Lieutenant de
Roi au Département de Blois.

Mr. SEVIN, Comte de Quincy, Lieutenant
de Roy au Département de Gien, Montargis &
Gatinois.

GRAND BAILLY D'ORLEANS.

Mr.

LIEUTENANT DE Mrs. LES MARECHAUX DE FRANCE
AU DUCHE' D'ORLEANS.

Mr. MIDOU DE CORMES, ruë Bretonnerie.

Mr. DORLEANS, *Lieutenant par Commiſſion*,
ruë des Carmelites.

EVÊCHÉ D'ORLEANS.

M. NICOLAS-JOSEPH DE PARIS, Evêque d'Orleans, *depuis le 9. Juin 1733.*

VICAIRES GENERAUX.

Messieurs,

DE COLBERT, Doyen de l'Eglise d'Orleans, & Abbé de saint Mesmin, *Cloître sainte Croix.*

DELAGOGUE', Sous-Doyen, *à l'Evêché.*

D'INTEVILLE, Archi-Diacre de Pithiviers, *Cloître sainte Croix.*

LEJEUNE, Superieur du Seminaire, *au Seminaire.*

D'IMBERCOURT, Archidiacre de Beauce, *proche Saint Pierre Lentin.*

Secretaire, CORDIER, Chanoine de sainte Croix, *rue du Pommier rouge.*

Le Secretariat se tient à l'Evêché.

Le Diocèse d'Orleans se divise en six Archidiaconés, qui sont ceux d'Orleans, ou le Grand Archidiaconé, de Pithiviers, de Beauce, de Sologne, de Beaugenci, & de Sulli.

Ces six Archidiaconés renferment 8 Abbayes, 10 Chapitres, dont deux Royaux, 272 Paroisses, dont 35 ont le titre de Prieurés; 40 Prieurés non Paroisses, 21 Communautés d'Hommes, 13 Communautés de Filles, 43 Chapelles en titre de Bénéfices, & deux Commanderies, l'une de Malthe à Orleans, & l'autre de saint Lazare, Paroisse de Boigni.

B

Les Assemblées du Clergé d'Orleans se font tous les cinq ans, vers le mois de Février, pour l'élection des Deputés aux Assemblées Générales du Clergé de Paris, du Syndic, du Bureau Diocèsain, du Deputé *pro reliquo Clero*, de celui *pro Regularibus*, & du Deputé pour l'Hôpital.

La derniere Assemblée s'est faite en Février 1750.

Ces Assemblées sont composées de M. l'Evêque, des Grands Vicaires, des Deputés du Bureau Diocèsain, de l'Abbé de saint Euverte, du Prieur de saint Paterne, des Prieurs de la Ville, & des autres Curés, au nombre de vingt-cinq.

❖❖❖:❖:❖❖❖❖❖❖❖❖❖

ABBAIES DU DIOCESE,
avec l'année de leur Fondation.

1163. SAINT EUVERTE, Mr. De Gouffier.

510. SAINT MESMIN, De Colbert, *Doyen de sainte Croix.*

1118. LA COUR-DIEU. Mr. l'Abbé de Lowendal.

1103. N. D. DE BEAU- Mr. l'Abbé de Château-
GENCY. Guillaume.

651. SAINT BENOIST. Mr. Milon, *Evêque de Valence.*

1639. SAINT LOUP, Mde. De Bouville, *Abbesse.*

1222. N. D. DU LIEU. Mde. de Villegenou, *Abbesse.*

1302. N. D. DE VOISINS. N.

****

LE CHAPITRE DE L'EGLISE D'ORLEANS.

CANONIC.	Messieurs,	DIGNITE's.

1735 ETienne-Edoüard De Colbert, *elû Doyen*
& Grand Archidiacre en 1735.

1708 Jacques Delagogué, *Sous-Doyen,* 1726.

1711 Charles Vallet, *Chantre,* 1741.

1742 Alexandre Lebrun d'Inteville, *Archidiacre de Pithiviers,* 1742.

François D'Imbercourt, *Archidiacre de Beauce,* 1751.

1729 Joseph De Hillerin, *Archid. de Sologne,* 1745.

1732 Antoine Paris, *Archid. de Baugency,* 1747.

1741 François Morin de Giorand, *Archidiacre de Sully,* 1747.

1724 Pierre Bailly de Montaran, *Scolaſtique,* 1741.

1725 Jean Deroujeoux, *Sous-Chantre,* 1738.

1747 Jean Luiſy, *Penitencier,* 1749.

1727 Iſaac-Nicolas Tourtier de la Martiniere, *Archi-Prêtre,* 1743.

CHANOINES;

Meſſieurs,

L'Abbé de S. Euverte,
L'Abbé de S. Meſmin, } *Chanoines nés.*

1707. Jean-Baptiſte Dudin.

1711. Philippes Decougniou.

1717. Nicolas Odigier, *Chanoine de Reſidence,*

1718. Loüis Sarrebourſe.

1730. Etienne-Claude Deguyenne.

1731. Pierre-Gilles Prou.

1734. Antoine Leroi.

1735. Pierre Hardoüin,

1735. Pierre Deſay.

1735. Jean Muret.
1736. Gabriël Delaſelle.
1736. Guillaume-Lié Pavart.
1736. Marc Raimbault.
1737. Benoiſt-Conſtantin Seurrat?
1735. Alexis Germon.
1739. Nicolas De Saint-Meſnin.
1736. François Deloynes d'Autroche.
1741. Pierre-Jacques Deloynes.
1742. Franç.-Claude Garnier, *Theologal.*
1742. Claude-Simon Cordier.
1743. Abraham Caillard.
1743. Charles-Loüis Lemoine.
1744. Felix-Joſeph Carraud.
1744. François-Florent De Saint-Meſmin de la
   Medoniere, *Chanoine de Reſidence.*
1745. Agnan Aignan, *Chanoine de Reſidence.*
1739. Claude-Marin Sinſon.
1745. Honoré Goury, *Syndic.*
1746. François Chaſſinat, *Chanoine de Reſidence.*
1747. Loüis-Euſebe Loiſeau.
1747. Joſeph Degoillons Vinot, *Chan. de Reſidence*
1748. Guillaume De Pellard de Montigni, *Chanoine de Reſidence.*
1748. Nicolas-Henry Chazot.
1751. Charles Deloynes d'Autroche de Talci.
1751. Antoine D'Hotman.

DIACRE.
1720. Jean-Baptiſte Duchon.

CLERC.
1728. Joſeph Roger, *Honoraire.*

CHANOINES-MAMERTINS.
1744. Gabriël Bertin.
1744. Etienne Lange.
Mr. Guinebaud, Receveur, *rue du Coulon.*
Mr. Roucelet, Receveur des Grains, *rue du
   Colombier.*

CHAPITRE DE L'EGLISE ROYALE DE SAINT AGNAN.

Monseigneur le DUC D'ORLEANS , *Abbé.*

M. François Roussel de Tilly , *Evêque d'Orange ;*
    Doyen ,   1728.

CANONIC.	*Messieurs ,*	DIGNITE's.
Jean Gaullier , *Sous-Doyen ,*		1747.
1732. Etienne Payen , *Chantre ,*		1725.
1724. François-Florent Goullu du Plessis ,		
Chefcier ,		1725.
Loüis Delaborde , *Soû-Chantre ,*		1744.
1744. Jean-François Colas , *Prevôt de Tillay ,*		
Syndic ,		1751.
Denis Gueniveau , *Prevôt de Sologne ,*		1731.
Pierre Lieutaut , *Prevôt d'Herbilly ,*		1742.

1707. Simon-Jacques Pichard.
1709. Pierre Houzé.
1709. Jean-Jacques Salomon.
1714. Jacques Degoillons Vinot.
1715. Jacques Gaubert.
1720. Jacques Lambert , *Chanoine Honoraire.*
1721. Philippe Miron.
1725. Antoine Dadoüé.
1730. Jacques Mignot.
1734. Loüis Renard.
1735. Joseph Mauduison.
1737. Jean Costé.
1737. Jean Neron.
1737. Agnan-Michel Sergent.
1738. Pierre Neron , *Chanoine Honoraire.*
1738. Antoine Chapelain.
1739. Michel-Jacques Boudeau.

1742. Jean-Baptiste-Gentien Deloynes
1742. François-Denis Deguyenne.
1742. Claude-Jerôme Roucellet.
1744. Pierre-Nicolas Sergent.
1744. Michel Aubry.
1745. Jean Thiercelin.
1745. Paul Guerin.
1746. Pierre Lebreton.
1748. Clement-Loüis Desfriches.
1748. Guillaume-Loüis Legaigneulx.
1750. Michel Petau.
1750. Edoüard Jacque Ducoudray.

CHANOINE-CLERC.

1750. Martin Vefque.

CHANOINES SEMI-PREBENDE'S.

1739. Loüis-Guillaume Guinebaud.
1745. Jean Boutret.

PREBENDE'S-REGULIERS.

1725. Jofeph Boilléve, *Prieur de la Conception.*
1748. Jean Grimault, *Prieur de faint Hilaire.*

Mr. Grimault, Receveur du Chapitre, *rue du Bourdon blanc.*

❦❦❦❦❦❦❦❦❦❦❦❦❦❦❦❦❦❦❦❦

CHAPITRE DE S. PIERRE EMPONT.

CANONIC.	*Messieurs,*	DIGNITE'S.
1725. Michel Sarrebource, *Doyen, en*		1731.
1737. Clement Deguyenne, *Chantre*		1737
1714. Jacques-Charles Leroy, *Chefcier*		1714.
1720. Charles-Claude-Franç. Nouel de Villoifeau.		
1730. Claude Hubert.		
1736. Etienne Gaudry.		
1738. Guillaume Bruant l'aîné.		

1743. Antoine Sarrebourse.
1743. Nicolas Lecoq.
1743. Jean-Baptiste Bruant le jeune.
1744. Pierre Bonny.
1746. Euverte-Nicolas Destaz.
1749. Charles Amelot.
1750. Pierre-Etienne Changeux.
1751. Jacques Martin.

DIACRE.
1695. Jean-Baptiste Imbault.

Mr. Legaigneulx, Receveur du Chapitre, *rue du Marché aux Balais.*

****

CHAPITRE DE S. PIERRE LE PUELLIER.

CANONIC.	Messieurs,	DIGNITE's.
1724. Michel Limberge,	*Doyen en*	1724.
1738. Claude Roger,	*& Chantre en*	1745.
1745. François Froc,	*Chefcier en*	1750.
1723. Marin Cezeur.		
1743. Pierre Chollet.		
1747. Loüis-Robert Cullembourg.		
1747. Henri Pellard.		
1751. Nicolas Asselin.		
1751. Loüis Fitteau.		

CHANOINE-CLERC.
1750. Jean Gabriel Potau.

Mr. Lion, Receveur du Chapitre, *proche le Cloître saint Samson.*

AUTRES CHAPITRES DU DIOCESE.

Nôtre-Dame de Clery.

LE Chapitre de l'Eglife Roïale de Notre-Dame de Cleri eft compofé d'un Doïen, qui doit être pris du Corps des Chanoines, & eft à la nomination de M. l'Evêque d'Orleans.

De dix Chanoines, dont cinq font à la nomination du Roi, ou de M. le Duc d'Orleans qui le reprefente : quatre à la nomination de Mr. le Duc de Saint Agnan, en qualité de Seigneur & Baron de la Salle lez-Cleri ; & un né, dont la Prébende eft affectée au Curé de faint André, & qui eft à la nomination de l'Abbé de faint Mefmin.

Et de deux Grands Vicaires, qui font à la nomination de M. l'Evêque d'Orleans.

M. le Duc d'Orleans, comme étant aux droits du Roi, eft Archi-Chanoine de cette Eglife.

Le Chapitre de S. Georges de Pithiviers.

Il eft compofé du Chantre, qui eft à la nomination de M. l'Evêque d'Orleans, & de huit Chanoines, qui font à la nomination du Chapitre.

Le Chapitre de faint Liphard de Meung.

Ce Chapitre eft compofé de cinq Dignités, qui font, le Doïen, le Chantre, le Chefcier, le Prévôt, & le Soû-Chantre, qui eft Curé de faint Nicolas de la même Eglife.

De quatorze Chanoines, dont quatre font Semi-Prébendés.

Et d'une Prébende Préceptoriale unie au Seminaire de Meung.

Toutes ces Dignités & Canonicats font à la nomination de M. l'Evêque d'Orleans.

Le Chapitre de saint Vrain de Jargeau.

Il est composé du Doïen, du Chantre & de six Chanoines, qui sont tous à la nomination de M. l'Evêque d'Orleans.

Le Chapelain, ou Déservant de l'Hôtel-Dieu, joüit d'une Prébende sans Canonicat.

Le Chapitre de saint Ithier de Sully,

Est composé du Chantre, du Chefcier, du Soû-Chantre, & de neuf Chanoines, tous à la nomination de Mr. le Duc de Sulli.

Le Chapitre de N. D. de Romorentin,

Est composé de huit Chanoines : le Chanoine en tour nomme aux Prébendes vacantes.

❖❖❖❖❖❖❖❖❖❖❖❖❖❖❖❖❖❖❖❖❖

CURÉS DE LA VILLE ET FAUXBOURGS D'ORLEANS;

Avec l'année de leur Prise de Possession.

Messieurs ,

1708. JEan Raymond , DOYEN , *saint Marceau.*
1713. J Loüis Desfournieulx,   *S. Maurice.*
1714. Jacques-Charles Leroy,   *Chefcier & Curé de saint Pierre Empont.*
1718. Michel Lejeune,   *L'Aleu S. Mesmin.*
1725. Joseph Boilléve, *Prieur-Curé de la Conception.*
1728. François Ducamel,   *S. Pierre Lentin.*
1735. Etienne Blanchet,   *sainte Catherine.*
1736. Antoine Chautard,   *N. D. de saint Paul,*
(*pour la portion dépend. de S. pierre le puellier.*)
1738. Pierre Neron,   *saint Victor.*
1741. Jean-Loüis Mangot,   *saint Paterne.*
1741. Pierre Bouchet,   *saint Paul,*
(*pour la portion dépend. de S. Mesmin.*)

1742. Jean Gagnot, *saint Donatien*
1744. Michel Boutelou, *saint Vincent.*
1744. Nicolas-Gabriel Benoiſt, *Prieur-Curé de
    saint Maclou & saint Sulpice.*
1744. Euſtache Aſſellineau des Mazures, *Notre-
    Dame du Chemin.*
1744. Pierre Pointeau, *S. Pierre Enſentelle.*
1744. Loüis Delaborde, *Crucifix S. Agnan.*
1744. Pierre Gajet, *saint Marc.*
1745. Pierre Canivet, *saint Euverte.*
1746. Jean Rouſſelet, *N. D. Recouvrance &
    saint Laurent.*
1746. Joſeph Gombaud, *saint Michel.*
1748. Claude-François-Auguſtin Cabart, *S. Benoiſt*
1748. Jean Grimault, *Prieur-Curé de
    saint Hilaire.*
1750. François Froc, *Cheſcier-Curé de saint
    Pierre le Puellier.*
1750. Vincent-Nicolas Dadoüé, *saint Germain.*
1751. Pierre-Auguſtin Renard, *saint Liphard.*

CURÉS CARDINAUX

*Qui aſſiſtent aux deux Fêtes de ſainte Croix,
& le Jeudi Saint aux ſaintes Huiſles.*

Saint Pierre.
Saint Maurice.
Saint Laurent.
Saint Benoiſt.
Saint Liphard.
Sains Victor.

Saint Michel.
Saint Paterne.
Saint Paul.
Saint Vincent.
Saint Hilaire.
Saint Maclou.

Communautés ou Couvens d'Hommes de la Ville & Fauxbourgs d'Orleans & leur Etablissement.

1163. LEs Chanoines Reguliers de saint Euverte
1219. Les Jacobins.
1265. Les Grands Carmes.
1280. Les Augustins.
1583. Les Capucins.
1611. Les Recollects.
1613. Les Minimes.
1614. Les Prêtres de l'Oratoire
1619. Les Jesuites.
1622. Les Chartreux.
1648. Les Carmes Déchauffés.
1654. Les Benedictins.

Communautés de Filles.

1113. La Madeleine , *Ordre de Fontevrault.*
1170. L'Hôtel-Dieu , *Ordre de saint Augustin.*
1249. Saint Loup , *Ordre de saint Bernard.*
1617. Les Carmelites.
1620. La Visitation.
1622. Les Ursulines de la Ville.
1638. Le Calvaire , *Ordre de saint Benoist.*
1659. Les Ursulines de saint Charles.
1685. La Croix ou Nouvelles Catholiques.
1703. Le Bon Pasteur.

Autres Communaute's du Diocese.

Communautés d'Hommes.

647. Les Benedictins de saint Benoist sur Loire.
2303. Les Chanoines Reguliers de Beaugenci.
1114. Les Bernardins de la Cour-Dieu, Paroisse d'Ingranne.
1304. Les Celestins d'Ambert, Paroisse de Chanteau
5459. Les Cordeliers de Meun.
  Les Cordeliers de Sulli.
1608. Les Feüillans, proche saint Mesmin.
1615. Les Capucins de Beaugenci.
  Les Capucins de Romorentin.

Communautés de Filles.

1302. Les Religieuses de Voisins, *Ordre de saint Bernard*, Paroisse d'Huisseau sur Mauve.
1222. Les Religieuses du Lieu, *Ordre de Citeaux*, près Romorentin.
  Les Ursulines de Beaugenci.

INTENDANCE.

M. BARENTIN, Maître des Requêtes, Intendant de Justice, Police & Finances en la Generalité d'Orleans, *Place de l'Etape.*

Secretaire
de l'Intendance. } Mr. Leroi, *Place de l'Etape.*

SUBDELEGUÉS
POUR LA VILLE ET ELECTION D'ORLEANS.

Messieurs,

ALIX, Cloître de sainte Croix.
ROBILLARD, ruë des Cures.

Greffier de la
Subdelegation. } Marchand, *près le grand Cimetiere.*

La Généralité d'Orleans comprend 12 Elections, qui sont celles d'Orleans, de Pithiviers, de Beaugenci, de Montargis, de Gien, de Clameci, de Blois, de Romorentin, de Dourdan, de Chartres, de Chateaudun & de Vendôme.

Ces douze Elections renferment 1149 Paroisses, en ne comptant le principal lieu de l'Election que pour une seule Paroisse.

Celle d'Orleans en renferme	122.	Celle de Blois,	79.
Celle de Pithiviers,	83.	Celle de Romorentin	76.
Celle de Beaugenci,	49.	Celle de Dourdan,	65.
Celle de Montargis,	85.	Celle de Chartres,	219.
Celle de Gien,	74.	Celle de Chateaudun	145
Celle de Clameci,	66.	& celle de Vendôme	86.

Mr. l'Intendant a un Subdelegué dans chacune de ces Elections, qui resident dans la Ville principale de leur Département; il y en a outre cela un à Cosne, Election de Gien; un à Yenville, Election de Pithiviers, & un à Rambouillet, Election de Chartres.

Outre ces douze Elections la Generalité d'Orleans renferme trois Diocèses, qui sont, Orleans, Chartres & Blois.

Une Chambre des Comptes.

Quatre Présidiaux, qui sont, Orleans, Chartres, Blois & Montargis.

Sept Baillages Roïaux, qui sont, Orleans, Chartres, Blois, Montargis, Vendôme, Gien & Dourdan.

Dans le Baillage d'Orleans sont les Siéges Roïaux particuliers de Beaugenci, Yenville, Yevre-le-Châtel, Vitri, Neuville & Boiscommun.

Dans le Baillage de Blois, les Sieges particuliers de Romorentin & de Millançai qui y a été réuni.

Dans le Baillage de Montargis, les Siéges de Lorris, Chateauregnard, ci-devant dépendans du Baillage d'Orleans.

Dans le Baillage de Vendôme, les Siéges particuliers de Montoire, Saint Calais & Savigny.

Tous ces Siéges connoissent des Cas Roïaux, à la reserve de ceux dont les Lieutenans particuliers n'ont point de Provisions du Roi.

Outre ces Baillages & Siéges Roïaux, la Généralité d'Orleans renfermoit encore presqu'autant de Prévôtés qui ont été réünies à ces Siéges.

Cette Généralité comprend encore,

Un Bureau des Finances, qui est à Orleans.

Sept Maîtrises Particuliéres des Eaux & Forêts, qui sont à Orleans, Beaugenci, Montargis, Dourdan, Blois, Chambort & Romorentin.

Trois Capitaineries des Chasses pour les Forêts du Roi & de Monsieur; sçavoir, une à Orleans, une à Chambort, une à Blois, & une à Montargis.

Une Chambre des Monnoyes, qui est à Orleans.

Deux Consulats, qui sont Orleans & Chartres.

Et vingt-cinq Greniers à Sel, qui sont Orleans, Authon, Beaugenci, Blois, Boiscommun, Bonneval, Brou, Chartres, Chateaudun, Chateauneuf sur Loire, Chiverni, Clameci, Cosne, Gien, Herbault, Malesherbes, Mer, Montargis, Montoire, Pithiviers, Romorentin, Saint Fargeau, Sulli, Vendôme & Yenville.

Suivant un Dénombrement fait en 1699. la Généralité d'Orleans renfermoit 607000 Habitans; & par un autre fait en l'année 1731. il s'en trouve 6690000. La seule Election d'Orleans renferme près de 20000 Taillables.

_____

CHATELET D'ORLEANS,

BAILLAGE ET SIEGE PRÉSIDIAL.

OFFICIERS.

INSTALLATION.	Messieurs,
	N. *Grand Bailly.*
1740. 24. *Mars*	Pierre-François Dehéere, *premier Président*, rue des Cures.
1709. 29. *Avr.*	François Dehéere, *Ancien Président*, rüe des Cures.
1715. 29. *Dec.*	Guillaume Detroyes, *Second Président*, rüe Bretonnerie.
1728. 20. *Fevr.*	Henri-Gabriël Curault, *Lieutenant Général*, rüe des Cures.

1748. 2. Decem. Georges Vandebergue, *Lieute-nant Général de Police*; rue des Minimes.

1717. 18. Nov. Jean-Léon Boyetet, *Lieutenant criminel*, rue vieille poterie.

1738. 21. Fevr. Antoine-Franç. Lhuillier, *Lieute-tenant particulier & Assesseur ci-vil & criminel*, rue des Minimes.

1751. 29. Mars Jean-Deloines d'Autroche, *Che-valier d'Honneur*, rue des Cures.

CONSEILLERS,

Messieurs ;

1712. 17. Juin GUillaume Sinson, *Doyen ;* rue de la Levrette.

1749. 2. Juin Jean Picault de la Rimbertiere, *Conseiller Honoraire*, anc. Lieu-tenant de la Prévôté, rue saint Martin de la Mine.

1716. 27. Avril Guillaume Letrofne, *rue d Levrette.*

1720. 8. Juillet Robert-Joseph Pothier, *cloître de sainte Croix.*

1748. 25. Juin Joseph Lhuillier des Bordes, *Con-seiller d'Honn.* rue des Minimes.

1750. 16. Mars Jean-Hector Chevalier, *Conseiller d'Honneur*, proche S. Sulpice.

1724. 4. Septem. René-Louis Delagueulle de Coin-ces, *rue Neuve.*

1726. Aoust Daniel-François Legrand de Mel-lerai, *Conseiller Honoraire*, anc. *Procur. du Roi*, place de l'Etape.

1749. 2. Juin Mathias Cellier de Nermont, *an-cien Lieutenant de la Prévôté*, rue vieille Poterie.

1749. 2. Juin. Pierre Robillard, *Conseiller Honoraire*, *ancien Conseiller en la Prévôté*, ruë des Cures.

1749. 2. Juin. François Alix, *ancien Conseiller en la Prévôté*, Cl. ste Croix.

1730. 20. Fevr. Etienne Lamyrault de Pormorand, *près S. Pierre Empont.*

1733. 17. Avril. Charles-François Boilléve de la Noüe, *rue des Minimes.*

1734. 25. Janv. Daniel Jousse, *près le petit Marché de la porte Renard.*

1751. 19 Mars. Charles Deloines d'Autroche da Talci, *Conseiller-Clerc*, ruë des Cures.

GENS DU ROY,

1745. 23. Juillet. François-Elie Delafons de Luz, *Avocat du Roy*, rue Bretonnerie.

1731. 3. Avril. Jacques Leclerc de Doüy, *procureur du Roy*, ruë des Hautes Goutiéres.

1748. 23. Juillet. Pierre-Jean-Baptiste Paris, *Avocat du Roy*, Cloître ste. Croix.

Commissaire-Enquêteur au Baillage & Siege Présidial d'Orleans.

Mr. Curault, *rue des Cures.* Cet Office est uni à celui de Lieutenant Général.

GREFFIERS,

Joseph Legrand, *rue du poirier,* } Greffiers
Pierre Juchereau, *rue charpenterie,* } Civils.
    Le Greffe se tient chez Mr. Legrand.
René Jouhanneton, *Greffier criminel,* ruë des grands Cizeaux.

C

HUISSIERS AUDIENCIERS.

François-Benoîst Priandy, *premier Huissier Audiencier*, ruë Charpenterie.

Jean Ramet, *an petit Ambert.*

Antoine-Christophe Grison, *rue charpenterie.*

Jean-François Chalopin, *près la Conception.*

Pierre Huet, *près saint Donatien.*

Pierre Poisson, *cloître sainte Croix.*

Germain Rousseau, *devant les petits Carmes.*

Huissier Audiencier au Baillage criminel.

Loüis-Pierre Courlesvaux, *rue charpenterie.*

CHANCELLERIE PRESIDIALE,

GARDE DES SCEAUX. Mr. Sinson, *Conseiller-Doyen*, en fait les fonctions.

Receveur des Emolumens du Sceau.
Mr. Bodin, *proche l'Oratoire.*

Expeditionnaire des Lettres de Chancellerie.
Ces Lettres s'expedient au Greffe du Baillage.

Greffier-Conservateur des Minutes de la Chancellerie.
C'est la Communauté des Procureurs qui exerce cette Charge, sous le nom de leur Receveur.

Huissier Audiencier en la Chancellerie présidiale.
Jean-François Royer, *rue vieille poterie.*

Greffier des Presentations du Baillage & Siége Présidial d'Orleans.
Mr. Legrand, *ruë du Poirier.*

Greffe des Affirmations de Voyages du Baillage, Préfidial, Election, Eaux & Foreft, & autres Jurifdictions d'Orleans.

Mr. Legrand, *rue du Poirier.*

Commiffaire-Receveur Général des Saifies Reelles aux Baillage, Siége préfidial d'Orleans, & Juftices Royales & fubalternes y reffortiffantes.

Mr. Odigier de la Couronnerie, *rue charpenterie.*

Receveur & Controlleur ancien, alternatif, triennal & quatriennal des confignations du Baillage & Siége préfidial d'Orleans, Election, & autres Jurifdictions de la Ville d'Orleans, & des autres Juftices Royales & fubalternes reffortiffantes audit Baillage.

Mrs. Jouhanneton, *rue des grands cifeaux,* pour le Sieur Huguet de Semonville.

Certificateurs de Criées.

C'eft la Communauté des Procureurs qui nomme deux d'entr'eux pour exercer cette Charge.

Tiers-Referendaires & Taxateurs de Dépens.

C'eft auffi la Communauté des Procureurs qui fait exercer cette Charge par quatre d'entr'eux qui changent de trois mois en trois mois.

Receveurs des Epices du Baillage & Siége préfidial.
Mr. Legrand & Juchereau.

Receveur des Amendes de fol appel du Baillage & Siége préfidial au premier chef de l'Edit.
Mr. Bodin, *près l'Oratoire.*

Receveur des Amendes du Baillage & du Préfidial au fecond chef de l'Edit.
Mr. Lion, Notaire, *rue des hautes Goutieres.*

C ij

Les Audiences du Préfidial fe tiennent les Lundis matin, depuis 9. *h*. jufqu'à onze, *en Hyver*, & depuis 8. *h* jufqu'à onze, *en Eté*, pour les Caufes ordinaires qui s'y plaident par Avocats ; & les Mardis de rélevée pour les Caufes fommaires.

Les Audiences du Baillage civil fe tiennent tous les Mardis & Vendredis matin aux mêmes heures que celles du Préfidial.

Les Audiences du Baillage criminel fe tiennent les Jeudis matin à dix heures.

Les Séances du Baillage & Préfidial pour les Procès de Rapport, font,

Les Lundis au foir à deux heur. & dem. pour les Procès de Rapports & Bureaux du Préfidial.

Les Mercredis matin à huit heures, pour les Bureaux & Procès de Rapport du Baillage ; & aufli les Mercredis au foir, & les Vendredis au foir à deux heures, quand il y a beaucoup d'Affaires.

Les Samedis matin pour les Procès criminels de Rapport, tant Prévôtaux que Préfidiaux, & du Baillage.

SIEGE DES CAUSES DE QUARANTE LIVRES.

On y juge en premiere Inftance les Caufes pures perfonnelles, qui n'excedent pas la fomme de Quarante livres, pourvû qu'elles ne procedent de Contrats paflés pardevant des Notaires Roïaux.

Ces Audiences fe tiennent tous les Lundis matin, à l'iffuë de l'Audience du Préfidial, par trois Officiers du Baillage, qui jugent ces Caufes en dernier reffort, tant en principal que dépens. Les Affaires s'y inftruifent fommairement fans commiffion préfidiale, & fans que les Parties foient tenuës de fe fervir du miniftere des Avocats, ni des Procureurs.

JUSTICES SEIGNEURIALES

DE LA VILLE ET FAUXBOURGS D'ORLEANS.

Avec les Noms & Demeures des Officiers.

JUSTICES SEIGNEURIALES.

MESSIEURS, *L'EVECHE'.*

BAILLI. Levéville, *Avocat*, rue des grands ciseaux.

Procureur Fiscal. Bouthier, *procureur*, rue charpenterie.

Greffier. Lion, *Notaire*, rue des hautes Goutiéres.

Elle se tient dans le Siége de l'Officialité.

SAINTE CROIX.

BAILLI. Triquoys, *Avocat*, rue des hautes Goutiéres.

Procureur Fiscal. Gueret, *procureur*, rue du Poirier.

Greffier. Pisseau, *procureur*, devant saint Sauveur.

Elle se tient au Prétoire dans le Cloître ste. Croix.

SAINT AGNAN.

BAILLI. Perche, *Avocat*, rue charpenterie.

Procureur Fiscal. Porcher, *procureur*, rue vieille Monnoïe.

Greffier. Pisseau, *procureur au Consulat*, rue des Pastoureaux.

Elle se tient au Prétoire dans le Cloître S. Agnan.

SAINT PIERRE EMPONT.

BAILLI. Perche, *Avocat*, rue charpenterie.
Procureur Fiscal. Nivet, *procur.* rue de l'Empereur.
Greffier. Thué, *Notaire*, Cloître de saint Pierre Empont.
Elle se tient dans le Cloître de S. Pierre Empont.

SAINT PIERRE PUELLIER.

BAILLI. Doulceron, *Avocat*, rue du Poirier.
Procureur Fiscal. Gueret, *procureur*, rue du Poirier.
Greffier. Prevost, *Notaire*, rue du Cocq.
Elle se tient au Cloître de Saint Pierre Puellier.

SAINT EUVERTE.

BAILLI. Doulceron, *Avocat*, rue du Poirier.
Procureur Fiscal. Auboutz, *procureur*, rue des gr. ciseaux.
Greffier. Chollet, *Notaire*, rue Charpenter.
Elle se tient proche l'Eglise de saint Euverte.

SAINT SAMSON.

BAILLI. Proust de Chambourg, *Docteur-Regent*, rue des gr. ciseaux
Procureur Fiscal. Dupré, *procureur*, rue de la Roche-aux-Juifs.
Greffier. Lion, *Notaire*, rue des hautes Goutiéres.
Elle se tient au Cloître de Saint Samson.

SAINT MESMIN.

BAILLI. Levéville, *Avocat*, rue des grands ciseaux.
Procureur Fiscal. Bouthier, *procureur*, rue charpenterie.
Greffier. Philippes, rue des Pensées.
Elle se tient au Châtelet dans le Siége des Eaux & Forêt.

I N G R E'.

BAILLI. Rozier, *Avocat*, rue de l'Empereur
Procureur Fiscal. Gueret, *procureur*, rue du Poirier.
Greffier. Loüis Gallard, *procureur*, rue du
Poirier.

Elle se tient au Châtelet dans la grande Salle.

S E M O I.

BAILLI. Triquoys, *Avocat*, rue des hautes
Goutiéres.
Procureur Fiscal. Porcher, *procureur*, rue vieille
Monnoye.
Greffier. Pisseau, *procureur*, devant saint
Sauveur.

Elle se tient dans une Maison rue de Semoi.

S A I N T L A U R E N T.

BAILLI. Heau, *Avocat*, rue charpenterie.
Procureur Fiscal. Malliet, *procureur*, rue des Pastoureaux.
Greffier. Guillaume Gallard, *procureur*, rue
du Poirier.

Elle se tient au Châtelet dans la grande Salle.

S A I N T P A T E R N E.

BAILLI. Doulceron, *Avocat*, rue du Poirier
Procureur Fiscal. Boüin, rue des Fauchets.
Greffier. Lambert, rue des trois Maries.
Elle se tient proche l'Eglise de saint Paterne.

S A I N T B E N O I S T D U R E T O U R.

BAILLI. Doulceron, *Avocat*, rue du Poirier
Procureur Fiscal. Mathieu, *procureur*, rue de l'Emp.
Greffier. Chappe, *Notaire*, près S. Pierre
Empont.

Elle se tient près l'Eglise de S. Benoist du Retour.

SAINT MAGLOIRE.

BAILLI.   Triquoys, *Avocat*, rue des hautes Goutiéres.

Procureur Fiscal. Gueret, *procureur*, rue du Poirier.

Greffier.   Jouhanneton, *Notaire*, rue des grands Ciseaux.

Elle se tient rue des Noiers, près saint Euverte.

SAINT MARC.

BAILLI.   Rozier, *Avocat*, rue de l'Empereur

Procureur Fiscal. Lestringant, *procureur*, rue des grands Ciseaux.

Greffier.   Pisseau, *procureur*, devant saint Sauveur.

Elle se tient dans la Commanderie de saint Marc.

SAINT VICTOR.

BAILLI.   Odigier des Rogeres, *cl. ste. Croix.*

Procureur Fiscal. Porcher, *procureur*, rue des grands ciseaux.

Greffier.   Pisseau, *procureur*, devant saint Sauveur.

Elle se tient proche saint Victor.

JUSTICES DES FAUXBOURGS.

SAINT GERVAIS.

BAILLI.   Rozier, *Avocat*, rue de l'Empereur

Procureur Fiscal. Franchon, *procureur*, rue des grands ciseaux.

Greffier.   Blandin, *Notaire*, devant saint Sauveur.

Elle se tient à la Commanderie de saint Marc.

LES CHAUSSEES.

BAILLI. Triquoys, *Avocat*, rue des hautes Goutiéres.

Procureur Fiscal. Lestringant, *procureur*, rue des grands ciseaux.

Greffier. Charron, près l'Hôtel de Ville.

Elle se tient dans la Grande Salle du Châtelet.

CORNAI.

BAILLI. Blandin, *Notaire*, devant saint Sauveur.

Procureur Fiscal. Porcher, *procureur*, rue vieille Monnoye.

Greffier. Pisseau, *procureur*, devant saint Sauveur.

Elle se tient dans la Maison de Perpignan, au Fauxbourg Bourgogne.

Toutes ces Justices se tiennent les Samedis matin, à la réserve de celle de *saint Mesmin*, qui se tient les Mardis matin.

De ces dix-neuf Justices il n'y a que celle des *Ormes saint Victor*, qui soit à Main-Laïque.

La Justice de *la Bretauche* & de *Villiers* se tient aussi tous les Samedis matin, dans la grande Salle du Châtelet.

J. DE LA BRETAUCHE ET DE VILLIERS.

BAILLI. Poullin, *Conseiller en l'Election*, devant saint Sulpice.

Procureur Fiscal. Mallier, *procureur*, rue des Pastoureaux.

Greffier. Lion, *Notaire*, rue des hautes Goutiéres.

RESSORTS DU BAILLAGE, PRÉSIDIAL, ET ANCIENNE Prevôte' d'Orleans.

NOMS des Lieux qui alloient à la Prévôté en premiere Instance.

LA Ville & Fauxbourgs d'Orleans, *en la plus grande partie.*

Saint Loup lez-Orleans.

Saint Jean de Brays, *presqu'en entier.*

Combleux, *presqu'entier.*

Checi, *presqu'entier.*

Mardié, *en partie.*

Semoi, *en partie.*

Chanteau, *en partie.*

Boigni, *en partie.*

Donneri, *en partie.*

Veneci, *en partie.*

Marigni.

Fleuri, *en partie.*

Cercottes.

Gidi, *en partie.*

Langennerie, *en partie.*

Andeglou, *en partie.*

Saint Lié, *en partie.*

Bougi, *en partie.*

Villereau, *en partie.*

Creuzi, *en partie.*

Sougi, *en partie.*

Rouvrai sainte Croix, *en partie.*

Terminiers, *partie.*

Lumeau, *en partie.*

Saint Jean de la Ruelle, *en partie.*

Ingré, *en partie.*

Ormes, *en partie.*

Buci saint Liphard, *partie.*

Les Barres.

Boulet.

Brici.

Huestre.

Coinces, *en partie.*

S. Peravi la Colombe, *en partie.*

Saint Privé, *en partie.*

La Chapelle S. Mesmin, *en partie.*

S. Pere S. Nicolas saint Mesmin.

S. Hilaire saint Mesmin, *en partie.*

L'Archet saint Mesmin, & les environs dans la Paroisse de saint Hilaire saint Mesmin.

Meziéres, *en partie.*

Ardon, *en partie.*

Saint Marceau.

Saint Martin sur Loiret.

Saint Jean le Blanc.

S. Denis en Val, *en partie.*

Sandillon, *en partie.*
S. Cyr en Val, *en partie.*
Marcilli, *en partie.*
Vienne lez-Jargeau, *en partie.*

Trinai en Beauce, *du Baillage en premiere Inſtance.*

✤✦✤✦✤✦✤✦✤✦✤✦✤✦✤✦✤✦✤✦✤✦✤✦✤

JUSTICES reſſortiſſantes par appel au Baillage d'Orleans, ſuivant l'ordre qu'elles ſont appellées aux Aſſizes.

L'Ancienne Prévôté d'Orleans, & tout ce qui en dépendoit.
La Juſtice de l'Evêché, ou la Fauconnerie.
Meun.
Jargeau.
La Juſtice de ste. Croix.
S. Benoiſt ſur Loire.
Yevre-la-Ville.
Châtillon ſur Loire.
Le Moulinet.
Le Pleſſis-Authon.
Merouville.
La Cour-Marigni.
Boiſſeaux.
Sonchamp.
Villiers-ſaint-Benoiſt.
Sainville.
Saint-Meſmin.
Ingré.
La Cour-Dieu.
La Cave de Frapuis.

La Juſtice de S. Laurent des Orgerils.
La Juſtice du Pont aux Moines.
La Juſtice de S. Gervais, *aliàs* Saint Phalier.
Semoi.
La Juſtice du Bourg l'Abbaïe lez-Pithiviers.
Saint Agnan.
La Chambrerie de ſaint Benoiſt.
Le Roudon & la Challerie.
Verneliil.
Touri.
Bouvrai ſaint Denis.
Buci-le-Roi.
Langennerie.
Tournoiſis.
Saint Magloire.
La Juſtice de Longuesve.
Fay aux Loges.
Alonnes & Donnerl.

La Salle lez-Cleri.

Cleri.

La Justice du Bignon.

Louri.

Lignerolles.

Montpipeau, & autres Justices en dépendantes.

La Justice des Muids.

La Justice des Chauffées.

La Justice de Charbonnieres aux bois & des Mardelles.

Cormes.

La Maison-fort.

La Mothe saint Lié.

Villereau.

La Justice de la Maison rouge.

La Justice de la Baconiere

La Justice des Bordes.

La Justice de Givri.

La Justice de Montmerault.

Bougi.

Saint Lié.

La Justice de la Couarde.

Chilli.

Seri.

La Borde-coüillard.

La Justice de l'Isle.

Poinville.

La Mothe saint Cir.

Saint Agnan le Jaillard.

La Justice de Noras.

L'Hôtel-Dieu de Noras.

Mezléres, le Breau, & le Buisson.

La Justice de la Maison-Fort.

La Justice de Milourdin, dans l'étenduë des Paroisses de S. Martin d'Abat & de Germini.

Roche-Portail & Coffol.

Crottes.

S. Benoist lez-Cleri.

Les Justices de Clereau, la Mothe-Beauvilliers, & Nessi.

Selliers.

Saint Denis de l'Hôtel.

Bacons.

Roziere.

Ferolle.

Les Justices d'Arceville & d'Alainville.

Rebrechien.

Nids.

La Commanderie de Boigni.

Chamerolles.

Chilleurs.

Marsilli.

La Justice de la Fosse aux Morts.

La Justice de Plaimbert.

La Justice du Coudrai.

La Justice de Rocheplatte

La Justice de Boisgibault.

La Justice de Sandillon.

La Juſtice de Marvilliers. | Champs.
La Juſtice de Brai & S. | Letuin en Beauce.
 Agnan des Guez, de | Nottonville.
 S. Pierre Puellier, qui | La Ronciere.
 s'exerce dans les Pa- | Chevilli.
 roiſſes de Faronville &
 d'Acqueboüille.

JUSTICES

qui étoient du Reſſort de la Prévôté d'Orleans.

Saint Euverte. | Pierrefite, Sauldre &
Saint Victor. | Courcelles près Noüan
Saint Paterne. | le Fuzelier.
Saint Pierre Empont. | Portmorand.
Saint Pierre le Puellier. | Suevre près Blois.
Saint Samſon. | La Bretauche, qui s'é-
La Commanderie de S. | tend ſur la plus grande
 Marc. | partie de la Paroiſſe de
Cornai. | Checi.
La Ferté-Lovvendal. | Villiers, qui s'étend ſur
La Mothe-Beuvron, Vou- | la plus grande partie de
 zon & Canle y annexée | la Paroiſſe de Venneci.

AUTRES JUSTICES

qui dépendent d'Orleans pour les Cas Royaux.

Sulli. | La Juſtice du Canal pour
Châteauneuf. | ce qui eſt dans l'étenduë
Beaune en Gâtinois. | du Baillage d'Orleans.
Malesherbes. | Bondaroi.

Les Siéges Roïaux dont les Lieutenans Particuliers n'ont point de Proviſions du Roi, comme ſont
aujourd'hui ceux d'Yevre-le-Châtel, de Neuville,
de Vitri, & de Boiſcommun, dépendent auſſi d'Orleans pour les cas Royaux.

RESSORT DU PRESIDIAL.

1. TOut ce qui eſt du Reſſort du Baillage reſſortit au Préſidial.

2. La Châtellenie d'Yenville & ſon Reſſort ; à l'exception des cinq Baronies du Perche-Goüet, & de la Ville-Prévôté de Bonneval, qui reſſortiſſent au Préſidial de Chartres.

3. La Châtellenie de Beaugenci & ſon Reſſort.

4. La Châtellenie de Boiſcommun & ſon Reſſort.

5. La Châtellenie d'Yevre le Châtel & ſon Reſſort.

6. La Châtellenie de Vitri & ſon Reſſort.

7. La Châtellenie de Neuville aux Loges & ſon Reſſort.

8. Le Duché-Pairie de Sulli & ſon Reſſort, à la reſerve de *Senneli*, qui reſſortit à Blois, & ce qui eſt du Berri, qui reſſortit au Préſidial de Bourges.

9. Le Marquiſat-Pairie de Châteauneuf & ſon Reſſort.

10. Le Baillage Roïal de Gien & ſon Reſſort.

Le Baillage de Montargis & les Châtellenies de Lorris & de Châteauregnard étoient autrefois du Reſſort du Préſidial ; mais elles en ont été diſtraites en 1638, lors de la Creation du Préſidial de Montargis ; & par cet Edit il a été ordonné que les Baillages de Nottonville, L'Aleu-Beloüis, Villeau & Letuin, qui étoient auparavant du Baillage de Montargis, dépendroient de celui d'Orleans.

NOMS DES AVOCATS ET PROCUREURS
AU CHATELET D'ORLEANS.

AVOCATS, Messieurs,

Georges Levéville l'aîné, *Doyen*, rue S. Eloi,
Pierre Perche, rue de la Charpenterie.
Jean Guignace, rue du Poirier.
Leonor-Nicolas Levéville, rue des grands ciseaux.
Euverte Heau, rue de la Charpenterie.
François Rozier, rue de l'Empereur.
Pierre Chaubert, rue du Poirier.
Jean-François-Michel Odigier des Rogeres, cloître
de sainte Croix.
Pierre-Agnan Doulceron, rue du Poirier.
Gabriël Triquoys, rue des hautes Goutiéres.
Jean-Jacques Poullin, devant saint Sulpice.
Pierre Gueret, *Syndic*, rue du Poirier.
Pierre-Jean-Jacques-Guillaume Guyot, rue des
Paftoureaux.
Guy Deshais, rue Bretonnerie.
Jean Moutié, rue de l'Empereur.
René Lebou, rue vieille Monnoïe.
François Duclou, rue du Bourdon blanc.

PROCUREURS, Messieurs,

1705. Charles Leftringant, *Doyen*, rue des
grands Ciseaux.
1714. Nicolas Gueret, ruë du Poirier.
1723. Loüis Mazuray, *absent*.
1723. Jacques Mallier, rue des Paftoureaux.
1724. Auguftin Mariette, rue de la Charpenterie.
1724. Charles Chappe, rue des grands ciseaux.
1725. Pierre Jullien, rue de la Charpenterie.

1726. Joseph Danglebermes, rue vieille Monnoye.
1727. Loüis Baranger, rue de la Roche aux Juifs.
1727. Edme Pineau, rue de la Charpenterie.
1728. Nicolas Franchon, rue des grands Ciseaux.
1728. Jean-Fr. Bourdier, rue des haut. Goutiéres.
1728. Côme Auboutz, rue des grands Ciseaux.
1729. Claude Pisseau, devant saint Sauveur.
1729. Gabriël Porcher, rue vieille Monnoye.
1729. François Bouthier, rue de la Charpenterie.
1732. Marin-Gabriël Ducreux, rue Charpenterie.
1736. Franç-Jacques Dupré, rue Roche aux Juifs.
1737. Jean-François Nivet, rue de l'Empereur.
1738. Jean-François Randon, rue Charpenterie.
1738. Charles Lubin, rue de la Charpenterie.
1739. Benoist Roidot, près saint Sauveur.
1742. Agnan Cahoüet, rue de la Charpenterie.
1744. Mathurin Duchon, rue du petit Ambert.
1744. Nicolas-François Poisson, rue du Coulon.
1745. Clement-Guillaume Gallard, rue du Poirier.
1745. Loüis Gallard, rue du Poirier.
1747. Pierre Menard, devant le petit Ambert.
1749. Loüis Mathieu, rue de l'Empereur.
1750. Jean-Charles Normand, rue vieille Monnoie.

BAZOCHE.

ELle est composée d'un Empereur, d'un Chancelier, d'un Procureur Général, d'un Capitaide, d'un Enseigne, de deux Maîtres des Requêtes, d'un Trésorier, & d'un Secretaire, qui sont élus tous les trois ans, dans le mois de Novembre, par la Communauté des Procureurs du Châtelet d'Orleans. Ces Officiers sont en possession d'instaler les Présidens & Lieutenans du Baillage, & ci-devant le Prévôt, la premiere fois qu'ils montent à l'Audience.

La Bazoche joüit de tems immémorial du Droit appellé communément *Droit de Ban* : ce Droit, qui est de concession Roïale, est dû par tous les Gentils-hommes, Officiers d'Epée & de Robe, Bourgeois vivant noblement, Emploïés dans les Affaires du Roi, & Praticiens, lorsqu'ils se marient ; pourquoi ils sont tenus de lui payer chacun *quatre Ecus quarts*, montans à 12 liv. 16 s. pour les premieres nôces, & 6 liv. 8 sols, pour les secondes, à l'exception des Huissiers qui n'en païent que moitié. Il s'étend sur tout ce qui est gouverné par la Coutume d'Orleans, à la réserve de Beaugenci qui en est exempt, en envoïant ici une fois l'année (le jour de saint Nicolas) comparoître pardevant les Officiers de la Bazoche, qui joüit encore de plusieurs autres Privileges.

JOURS DE FERIES ET VACATIONS
du Châtelet d'Orleans.

JANVIER.	JUILLET.
Le 13. Saint Hilaire.	Le 22. La Madéleine.
AVRIL.	Le 25. S. Jacq. & S. Ch.
Le 25. S. Marc Evangel.	AOUST.
MAY.	Le 10. Saint Laurent.
Le 1. S. Jacques s Philip.	Le 24. S. Barthelemi.
Le 8, la Fête de la Ville.	SEPTEMBRE.
JUIN.	Le 7. Saint Euverte.
Le 3. Saint Liphard.	OCTOBRE.
Le 11. Saint Barnabé.	Le 18. Saint Luc.
Le 14. Tr. S. Agnan.	DECEMBRE.
Le 26. Tr. S. Hilaire.	Le 6. Saint Nicolas.

D

Le 24. (Vigile de la Nativité,) jufqu'au fecond jour de l'an neuf.

Tous les Dimanches & Fêtes de l'Année.

On ne plaide point non plus les après-dinées des Samedis, ni des veilles des Fêtes commandées.

CARÊME.

On ne plaide point les après-dinées pendant le Carême, excepté les Lundis & Mercredis ; ni depuis la veille du Dimanche des Rameaux incluſivement, jufqu'au Mardi d'après la Quaſimodo.

QUATRE-TEMS.

Dans les jours des Quatre-Tems on ne plaide point les après-dinées.

ROGATIONS.

On n'entre point non plus pendant les trois jours des Rogations, ni le lendemain des Fêtes de la Pentecôte, à cauſe de la Fête de l'ancien Synode.

L'on ne plaide point non plus le lendemain de la Fête-Dieu, à cauſe de la Fête de la Goutte de Sang.

Nota. Depuis 1738 on ne plaide plus entre Noël & les Rois, ni le jour du Lundi gras.

VACATIONS.

Les Vacations ſe donnent ordinairement par Mrs. les Juges depuis la Nôtre-Dame de Septembre jufqu'au premier Mardi ou Vendredi qui ſuit la ſaint Martin : on ne laiſſe pas cependant de plaider au Baillage le Jeudi pour le criminel, & les Lundis & Mardis de quinze jours en quinze jours pour les Cauſes proviſionelles ordinaires ou d'appel.

NOMS DES TRENTE-TROIS NOTAIRES

ROIAUX AU CHATELET D'ORLEANS,

Et de ceux auſquels ils ont ſuccedé depuis ſoixante ans.

RECEPTION. MESSIEURS,

1714. GILLES JULLIEN, Doyen, *rue du Poirier*, au lieu de Clement Noyau, & Charles Maugas.

1718. Michel Godeau, *rue des Paſtoureaux*, au lieu de Jacques-Nicolas Bruerre, & Etienne Privé.

1718. Etienne Thué, *Cloître S. Pierre Empont*, au lieu de Pierre Thué.

1718. Pierre-Etienne Jullien, *rue des 3 Maries*, au lieu de Paul Chicoiſneau.

1721. René Jouhanneton, *rue des grands Ciſeaux*, au lieu de Michel Boudeau, Charles Reculé, & Antoine Sevin.

1728. Pierre Changeux, *rue Neuve*, au lieu d'Etienne Changeux, Marin Heau, & Charles Buiſſon.

1728. Etienne Aignan, *rue Charpenterie*, au lieu d'Etienne Aignan & Michel Gaillard. *Il a de plus les anciennes Minutes de* Gentien Blandin, *qui étoit au lieu de* Vinc. Brimbeuf.

1729. Claude-Jacques Bourdelier, *rue Bannier*, au lieu de Jacques Duneau, Etienne Riboult, & Pierre Riboult.

1729. Joſeph Pompon, *rue du Barillet*, au lieu de Florent Hubert, Nicolas Debeauſſe, & Nicolas Faucheux.

1729. Liphard-Daniel Blandin, *devant ſaint Sauveur*, au lieu de Liphard Blandin, & Edoüard Demeulles. D ij

1735. Jacques-Philippes Chappe, *au Coin de S. Pierre Empont*, au lieu de Pierre Thué le jeune, & Claude Landron.

1735. Jean-Antoine-Denis Sonnier, *rue des Pastoureaux*, au lieu de Denis Regnault, (*dont les Minutes sont deposées au Greffe du Baillage, suivant un procès verbal du 22. Juillet 1735.*) Simon Paris, & Etienne Pasquier.

1740. Michel Bordier, *au Marché de la porte Bourgogne*, au lieu de François Faucheulx, François Cabart, & Michel Faucheulx.

1740. François-Basile Destas, *rue de Recouvrance* au lieu de Basile Destas, & Jacques Fieffé.

1741. Pierre-Claude Guillon, *rue Bannier*, au lieu de François-Gabriel Pichet, Louis-Fiacre Fascon & Louis Gaudeffroy, (*dont les Minutes, & celles de ses Prédecesseurs, sont chez Jacques-Philippes Chappe.*)

1741. Jean Percheron, *rue des Carmes*, au lieu de Claude Delaroue, & Jacques Cavel.

1742. Joseph Pisseau, *devant le petit Ambert*, au lieu de Guillaume Maimbourg, Jacques Mauduison, & Alexandre Mauduison.

1742. Martin Lion, *rue des hautes Goutières*, au lieu de Martin Lion, & de Jean Charron.

1742. Jean-Jacques Binnecher, *rue du Coq d'Inde*, au lieu de Jean-Claude Leddet, Pierre Ducloux, & Denis Lecoq.

1742. Louis Sarradin, *au Marché de la porte Renard*, au lieu de Charles Gaillard, Charles-Alexandre Baudoin, Claude Mithonneau fils, & Claude Mithonneau pere.

1743. Etienne Trezin, *au portereau S. Marceau*, au lieu de Joseph Legrand, Gentien Blandin, (*dont les Minutes, & celles de ses Prédecesseurs, sont chez Etienne Aignan.*)

1744. Claude-Maximilien Capitan, *rue Bannier,* au lieu de Louis Boucher, & Hervé Boucher.

1744. François-Gabriel Couzé , *près S. Pierre Empont* , au lieu de Pierre Robillard fils , Pierre Robillard pere, & Gabriel Hurault,

1745. Sebastien Assellineau, *rue de la Lovrette,* au lieu d' Marcou-Simon Petit , Guillaume Houry, Pierre Robillard, François Chicoiseau , Benoist Couet , & Louis Couet.

1746. Joseph Prevost , *rue du Coq d'Inde* , au lieu de François Poulin fils , & de François Poulin pere,

1747. Nicolas Jumeau , *au Marché à la Volaille,* au lieu de Michel-Florent Charpentier , Pierre Reullon fils , Pierre Reullon pere , & Jacques Colas.

1748. Jean-Mathurin Chaubert, *rue du poirier* , au lieu de Guillaume Rou , François Rou , & Michel Gervaise.

1748. Pierre Garnier, *rue Bourgogne* , au lieu de Constantin Bonichon du Chaslart, Claude Bonichon du Chaslart , Etienne Jacquet , & Antoine Assellineau.

1749. Jean Lesourd , *rue sainte Catherine,* au lieu de Jean-Bapt. Mallier , Claude Odigier , (*dont les Minutes sont chez* Joseph Chollet , *avec celles d'*Etienne-François Corrosel.)

1749. Sebastien Deschamps, *rue des Carmes,* au lieu de Gabriel-François Martin fils , Gab.-Fr. Martin pere , & Pierre Cuichard.

1749. Leonard Ragu , *rue vieille poterie* , au lieu d'Etienne Chassinat, André Foucher, Etienne Saulger , & Louis Legent.

1750. Joseph Chollet, *rue Charpenterie,* au lieu de Jacques-Michel Odigier, Jean-Baptiste Mallier , & Florent Paris, *Il a les Minutes de Claude Odigier.*

1750. Jacques-Erafme Moutié, *rue du poirier*, au lieu de Florent-Charles Hubert, Gabriël Godeau, & Gabriël Godeau.

Chaque Notaire a les Minutes de fes Prédeceffeurs.

Cette Communauté a acquis & réuni les huit charges de Notaires Apoftoliques, & chacun des trente-trois Notaires ci-deffus en fait les fonctions depuis l'Arrêt du Confeil du 30 Avril 1738 ; mais à l'égard des Actes qui font du miniftere des Notaires Apoftoliques, & qui doivent être paffés au de-là des trois lieuës de la Ville d'Orleans, les Notaires d'Orleans font tenus de commettre un Notaire Roïal fur les lieux : & même, quand il s'agit de Réfignation, Permutation, Démiffion, Révocation de Bénéfices à faire, au de-là des trois lieuës, les Notaires demeurans fur les lieux en peuvent paffer les Actes, fans qu'il foit befoin de les commettre.

Cette Communauté a auffi acquis les Offices de Greffiers des Sentences arbitrales, & chacun d'eux en fait les fonctions.

Le Petit Scel appartient auffi depuis 1706. aux Notaires du Châtelet d'Orleans, qui fcellent leurs Actes avec paraphe.

Secretaire du Roi, Maifon & Couronne de France.

Mr. Charpentier de Boifgibault Pere, *proche la Croix Rouge.*

Banquier-Expeditionnaire en Cour de Rome.

Mr. Malherbe, *rue Mefchevaux.*

OFFICIERS
DU BUREAU DES FINANCES.

PRESIDENS, *Messieurs*,

1746. CLaude-Pierre Bigot de la Touanne, premier Président, rue des Cures.

1747. François Pascal Haudry, *Second Président*, rue

TRESORIERS DE FRANCE, *Messieurs*,

1751. Pierre-Barthelemi-François De Villam-blin d'Urfort, *Chevalier d'Honneur*.

1702. Jean Deloines d'Autroche, *Doien, r. des Cures*

1711. Jerôme Salomon du Gué-neuf, *rue Neuve*.

1714. Pierre Sinson d'Auneux, *rue Neuve*.

1715. Jean-François Besançon, *rue des Fauchets* :

1717. Pierre-Noël de Villamblin, *à Selle en Berri*.

1723. Guillaume Prevost de la Jannés, *rue des Cures*.

1727. Jean Poisson de Souzy, *à Étampess*

1730. Louis-Samuel Lhuilliet de Tigi, *aux 4 Coins*.

1730. Jerôme-Jean Egrot du Lude, *à la Croix rouge*.

1731. Jean-Léon Patas du Bourg-neuf, *aux 4 Coins*

1734. Pierre-Henri Hubert de Vodrenel, *à Bonneval*

1735. Louis-François Nouel de Tourville de la Buzonniere, *rue de la Cerche*

1738. Pierre Boilléve de Domeci, *au Martroi*.

1740. Barthelemi-Joseph Curault de Courcelles, *rue des Cures*.

1740. Louis-François Boilléve d'Arbonne, *place de l'Etape*.

1742. André-Jules Mercier de Solvins de Bellecour, *à Pithiviers*.

1743. André Le Clerc du Mani, *rue des Minimes.*
1744. Robert-Agnan Seurrat de Loffi, *rue des Min.*
1747. Charles-Gabriel Menard d'Ouchamps, *à Montargis.*
1747. Léon-Patas des Noües, *rue vieille Monnoye.*
1748. Etienne-Laurent de Villantrois, *à Paris.*
1749. Jean-Baptiste Pasquier, *rue de la Bretonnerie.*
1749. Daniel Degoillons, *près le Coin Maugas.*
1750. François-Louis Levassort du Bouchet, *rue de la Bretonnerie.*

TRESORIERS VETERANS, *Messieurs.*

17   Laurent Darcy, *Second Président, à Paris.*
1715. Franç. Sinson des Locheres, *devant l'Oratoire.*
1721. Jacques-Etienne Groteste du Chesnay.
1726. Joseph-François Sinson des Fontaines, *rue des Carmelites.*
1727. Guillaume Sinson, *ancien Procureur du Roi,* rue de la Levrette.
1729. Guillaume Sinson du Gamereau, *ancien Avocat du Roi*, rue des Minimes.

GENS DU ROI.   *Messieurs.*

1715. Jean-Baptiste Rossard de Crepainville, *Avocat du Roi pour le Domaine & la Voirie,* à Chateaudun.
1749. Louis Guinebaud, *Avocat du Roi pour la Finance*, Place du Martroy.
1748. Pierre-André Sinson, *Procureur du Roi pour le Domaine & la Voirie*, rue des Minim.
1736. Charles Masson du Monceau, *Procur. du Roi pour la Finance*, rue de la Bretonnerie.

GREFFIERS EN CHEF,   *Messieurs,*

1704. Pierre Morand, *rue de la vieille poterie.*
1723. François-Pierre Boudereau, *à l'Etape.*

HUISSIERS,

Louis-Pierre Courlesvaux, *premier Huissier Garde Meuble, au Châtelet.*

Côme Fuét, *derriere sainte Marie.*

Louis-Hilaire Ragot, *rue Neuve.*

Isaïe-Jean Petigars, *rue de l'Annonciade.*

Alphonse-Pierre Amyot, *rue du poirier.*

Marie-Joseph Pelletier, *près saint Donatien.*

Robert-Joseph Amyot, *rue de*

Inspecteur des Ouvrages des Ponts & Chaussées.

Mr. Salomon du Gué-neuf, *rue Neuve.*

Maitre-Voyer des Oeuvres de Maçonnerie en la Ville & Generalité d'Orleanss

Marchand, *rue & proche saint Victor.*

Expert Juré pour la Ville & Fauxbourgs.

Jean-Baptiste Dubois, *rue du poirier.*

Messieurs du Bureau des Finances connoissent en premiere instance de toutes les Affaires du Domaine du Roi dans la Province du Vendômois depuis un Arrêt du Conseil du 14 Août 1725, & de ce qui regarde la Voirie dans toute l'étenduë de la Généralité, à la reserve des Reparations des Chemins Roïaux, & de la construction & entretien des Ponts & Chaussées, qui sont sous la direction de M. l'Intendant.

Le Domaine du surplus de la Généralité est de l'Appanage de M. le Duc d'Orleans, ou d'autres Seigneurs particuliers, & la connoissance en appartient à leurs Juges, à la réserve du Comté de Blois qui appartient au Roi, où il y a une Chambre des Comptes particuliére qui connoît des Affaires du Domaine de ce Comté.

Ils jugent auſſi les Affaires qui concernent les Finances, & c'eſt à eux que ſont adreſſées les Lettres Patentes pour la Levée des Tailles ; enfin c'eſt à leur Bureau que ſe fait la Reception des Officiers des Elections, Greniers à Sel, des Receveurs Généraux & Controlleurs des Finances, des Receveurs des Tailles, du Receveur du Domaine du Vendômois, & autres ſemblables Officiers dans l'étenduë de cette Généralité, leſquels ſont obligez de prêter ſerment devant eux, & d'y rendre leurs comptes.

Ils jugent ſouverainement & en dernier Reſſort ce qui regarde les Finances ; & à l'égard des Affaires du Domaine du Roi & de la Voirie, l'appel de leurs Ordonnances reſſortit au Parlement, quand les Procès ſont de Particulier à Particulier ; & au Conſeil, quand c'eſt à la requête du Procureur du Roi ; mais dans l'un & l'autre cas leurs Jugemens s'exécutent par proviſion.

Les Audiences ſe tiennent les Lundis, Mercredis & Vendredis ; & tous les lendemains des Fêtes, lorſque la Fête ſe trouve un jour du Bureau, à dix heures & demie du matin, dans une des Salles du Châtelet.

SIEGE DE POLICE.

CE Siége est composé du Lieutenant Général de Police, de quatre Conseillers du Bailliage, qui ont Séance immediatement après le Président, & qui changent tous les trois mois ; du Maire de la Ville, & des Echevins ; de deux Avocats du Roi, (qui sont aussi Procureurs du Roi de Police,) & du Procureur du Roi.

Il se tient tous les Mercredis & Samedis à trois heures après midi, dans la grande Salle de l'Hôtel de Ville.

Le *Samedi* on y fait la Taxe du Pain.

C'est le Maire qui préside en l'absence du Lieutenant Général de Police, & ensuite les Echevins.

LIEUTENANT GENERAL DE POLICE.

Mr. MICHEL VANDEBERGUE,
rue des Minimes.

Me. Legrand, *Greffier*, rue du Poirier.

Huissiers Audienciers.

François-Benoist Priandy, *premier Huissier Audiencier*, rue de la Charpenterie.
Jacques-Guillaume Beaulieu, *près les Benedictins.*
Louis Imbault, *rue du Pot de Fer.*
Claude Pisseau, *rue du Cocq d'Inde.*

Receveur des Amendes de Police.
Mr. Lion, *Notaire*, rue des hautes Goutiéres.

Cette Jurisdiction connoît en premiere instance des délits de ceux qui contreviennent aux Ordon-

nances de Police, & de tout ce qui regarde les Arts
& Mêtiers dans l'étenduë de la Ville, Fauxbourgs
& Banlieüe d'Orleans.

C'est aussi à ce Siége qu'on regle tout ce qui regarde la Police de la Ville, comme le Nétoïement
des Ruës & Places publiques, les ordres necessaires
en cas d'Incendie, &c.

*L'Appel des Sentences de la Police se releve au Par-
lement : mais les Jugemens s'executent par provision à
quelques sommes qu'ils puissent monter.*

COMMISSAIRES DE POLICE.
Messieurs,

Antoine Lecot, *Doyen,* au bas des grandes Ecoles.
Jean-Baptiste Bezard, *rue du Colombier.*
Jean Travaillis, *rue de la Triperie.*
Joseph Durand, *rue Bannier.*
Jean-Baptiste Destas, *rue Charpenterie.*
Charles-Etienne Bourguignon, *rue Bourgogne.*

*Inspecteur des Manufactures de Draps, Fils, Toiles,
Cottons, Laines & Bonneterie à Orleans.*

Mr. Bruté, *rue saint Euverte.*

Juré-Etalonneur & Marqueur des Mesures.

Pierre-Charles Baudouin, *rue du Bourdon blanc.*

Il fait les fonctions de Commissaire en la Police
dans la partie qui le regarde.

*Sergent Royal Crieur ordinaire des Bans & Procla-
mations du Baillage, Siege présidial, Police,
& autres Jurisdictions d'Orleans.*

Etienne David, *rue de l'Empereur.*

Trompette de la Ville, Pierre Dumuis, *rue Bannier.*

Controlleur-Visiteur & Vendeur de Marée ; Poisson de Mer frais, sec & salé, réuni au Corps de Ville.

Mr. Michel Rigault en fait les fonctions.

Propriétaire de l'Office & Droits de Prud'homme Vendeur de Cuirs pour la Ville d'Orleans.

Mr. Bodin, *proche l'Oratoire.*

Fermier des Droits de Contrôle pour la Vente des Cuirs.

La Communauté des Tanneurs d'Orleans,

Jurez-Crieurs d'Enterremens.

Il y a trois Charges : les Titulaires font exercer par des Commis ; *leur Bureau est rue des Hennequins.*

L'Echelette. Loüis Devade, *près S. Victor.*

Il est nommé par l'Archidiacre de l'Eglise d'Orleans.

BANLIEUE D'ORLEANS ET SES LIMITES.

DU côté de *la Porte saint Jean*, la Banlieue finit au petit saint Jean.

Du côté de la *Porte Bannier.* A la Croix qui est un peu en de-ça de la Chapelle des Aides.

Du côté de la *Porte saint Vincent.* A la Croix de la Barriere.

Du côté de la *Porte Bourgogne.* A la rue de Gradoux & à la Sente au Veneur, un peu au de-là de l'Eglise de S. Jean de Brais ; cent vingt-cinq toises par de-là la Croix des Chataigniers.

Du côté du Pavé de *saint Jean le Blanc*, elle finit un peu au de-là de la Maison des Bruslis, à deux cens vingt toises en de-ça de la Ferme des Cassines;

Du côté d'*Olivet* : elle finit dans le Bourg à une Maison dans le Pignon de laquelle on a attaché une Fleur de Lis pour limite.

Du côté du *Pavé de la Source*, à la Croix Baudri.

Du côté l'*Eglise d'Olivet*, à la rue Marie, qui n'est aujourd'hui qu'une Ruelle qui est sur la droite, à quatre-vingt toises par de-là l'Eglise.

Du côté de *Saint Mesmin*, au lieu dit la Fatiniere, près d'une Ruelle par laquelle on va au Lieu appellé Paradis.

Et du côté de la *Porte Madeleine*, la Banlieue finit à un ancien Sentier par où on alloit du Pavé à la Gabilliére, à cent quarante toises en de-ça de la Maison du Pressoir aux Fagouës.

Noms des Paroisses, Eglises & Lieux principaux qui sont dans l'étendue de la Banlieue d'Orleans.

Orleans.
Saint Loup.
Saint Jean de Brais.
La haute Croix, qui est par de-là l'Eglise de S. Jean de Brais, sur le grand chemin de Bionne.
Saint Marc.
Saint Vincent.
Saint Laurent.
Saint Jean de la Ruelle.
La Madeleine.
Saint Privé.
Saint Marceau.
Saint Martin sur Loiret.
Saint Charles.
Saint Jean le Blanc.
Les Capucins.

Les Paroisses qui suivent ont leur Eglise hors la Banlieuë.

Saint Denis en Val.
La Chapelle des Aides.
Fleuri.
Semoi.

Ingré.
La Chapelle S. Mesmin.
Saint Mesmin.

TABLE ALPHABETIQUE
DES CORPS ET METIERS
DE LA VILLE,
FAUXBOURGS ET BANLIEUE D'ORLEANS,

Qui sont en Jurande, avec les Noms de leur Patrons.

A Poticaires, [*la Madeleine.*]
A Balanciers-Bossetiers, [*Saint Hubert.*]
Bonnetiers, CORPS, [*saint Loüis.*]
Bouchers, [*sainte Anne.*]
Boulangers, [*saint Firmin.*]
Cardeurs-Sergiers, [*saint Jean & saint Blaise.*]
Chaircuitiers, [*saint Antoine.*]
Chandeliers,] *saint Jean Porte Latine.*]
Chapeliers, [*saint Jacques & saint Philippe.*]
Charons, [*saint Christophe.*]
Chaudronniers, [*saint Hubert.*]
Chirurgiens, [*saint Côme & saint Damien.*]
Cordonniers, [*saint Crespin.*]
Corroieurs, [*saint Barthelemi.*]
Couvreurs-Plombiers, [*saint Michel.*]
Drapiers & Marchands de Soie, CORPS.

Ecorcheurs, [*saint Gond.*] Ils font compris dans
 la Communauté des Bouchers.

Fripiers-Chauffetiers, [*la Trinité.*]

Imprimeurs, Libraires & Relieurs, [*saint Jean
 Porte Latine,*]

Maréchaux, [*saint Eloi.*]

Megiffiers, [*sainte Catherine.*]

Menuifiers, [*sainte Anne.*]

Orfévres, [*saint Eloi.*]

Paffementiers, [*la Nativité de Notre-Dame.*]

Patiffiers-Traiteurs-Rotiffeurs, [*saint Honoré.*]

Paumiers.

Pelletiers-Foureurs.

Perruquiers, [*saint Loüis.*]

Potiers d'Etain, [*saint Lubin.*]

Savetiers, [*saint Santin.*]

Sergiers fabriquans, [*l'Affomption.*]

Serruriers, [*saint Eloi.*]

Taillandiers, [*saint Eloi.*]

Tailleurs d'Habits, (*sainte Catherine.*)

Teinturiers du bon Teint, }
Teinturiers du petit Teint, } (*saint Maurice.*)

Tifferans ou Texiers, (*la Nativité Notre-Dame.*)

Tondeurs, (*saint Michel.*)

Tonneliers, (*saint Jean-Baptifte.*)

Tourneurs-Boiffeliers, [*saint Michel.*)

Vinaigriers, (*l'Affomption.*)

OFFICIERS
DES EAUX ET FORETS.

GRANDS MAITRES;

Messieurs,

JACQUES CHARPENTIER DE BOISGIBAULT, *Grand Maître ancien*, ruë de la Bretonnerie. *en Exercice en* 1752.

LOUIS MIOTTE DE RAVANNES, *Grand Maître Alternatif*, à Paris.

OFFICIERS qui tiennent le Siége.

Messieurs,

Alexandre-Pierre Du Gaigneau de Chateaumorand de Champvallins, *Maître particulier Alternatif*, rue des Minimes.

Jacques-François Lambert, *Maître particulier ancien*, rue de la Levrette. *en Exercice en* 1752.

Charles Crignon De Bonvalet, *Lieutenant de Robe longue*, ruë des grands Ciseaux.

François-Christophe Petit, *Garde-Marteau*, rue de la Bretonnerie

Michel Colas de Brouville : *Procureur du Roi*, ruë des Fauchets.

GREFFIER EN CHEF.

Mr. François Barbot, *rue des Carmelites.*

NOTA. *Les Maîtres particuliers président alternativement par année, à commencer au premier Janvier.*

E

CHASSES,

CAPITAINERIE DE BEAUCE.

M. LE DUC D'ANTIN, Capitaine des Chasses du Duché d'Orleans, *pour la Beauce.*

Messieurs,

Etienne Laureault de Foncemagne, *premier & ancien Lieutenant*, à Paris.

Vincent-Etienne Rougeault, Président de la Quatriéme Chambre des Enquêtes, *Lieutenant par commission*, à Paris.

Roussel, *Conseiller au Parlement de Paris, Lieuten. par commission*, à Paris.

Philippes De Challet de Chanceville, *Sous-Lieutenant par commiss.* à Cossole, Paroisse d'Andeglou.

François Renard, *Rachasseur*, rue des gr. ciseaux.

Jean Foucher, *Lieutenant de Louveterie*, rue des Carmes.

Cette Capitainerie est composée de 14. Gardes.

CAPITAINERIE DE SOLOGNE.

SIMON BOUTIN, *Capitaine pour la Sologne*, à Paris.

Jean-François Besançon de Soulers, *Lieutenant de Robe longue*, rue de la Corne.

Paul-Nicolas Noyau de Haute-Roche, *Lieutenant par commission*, à Nantes.

Cette Capitainerie est composée de 12. Gardes.

GREFFIER EN CHEF.

Mr. François Barbot, *rue des Carmelites.*

Arpenteurs & Soucheteurs de la Forest.

Eustache Bourguignon du Gazon, *rue des Pensées.*

Jacques Vauclin, *rue saint Euverte.*

Gardes Generaux Traverſiers.

Joſeph Jamme, *rue des trois Maillets.*
Emeri Desbois, *rue ſainte Catherine.*

Garde-Général à cheval de la Capitainerie de Sologne.
André Duclos, *à la Source.*

HUISSIERS-AUDIENCIERS.

Jean-Joſeph Delepine, *premier Huiſſier Audiencier,*
    rue de la Charpenterie.
Pierre Houzé, *près la Grille d'or.*
Nicolas Houzé, *rue des chartiers.*
Jacques Leſemellier, *derriere les Carmes.*

Huiſſier-Receveur-Collecteur des Amendes.
Joſeph Jamme, *rue des trois Maillets.*

Les Maîtres Particuliers connoiſſent en premiere inſtance, ſoit entre les Particuliers, ou à la requête du Procureur du Roi, tant en matiére civile que criminelle, de tout ce qui concerne les Eaux & Forêts, à la réſerve des conteſtations ou differends de Partie à Partie, concernans la proprieté des Eaux & Bois appartenans aux Communautés ou Particuliers, ſoit qu'il s'agiſſe du petitoire, ou poſſeſſoire, Ventes, Echanges, Partages, Licitations, Retrait lignager ou feodal, & autres actions qui peuvent être intentées pour raiſon de cette proprieté ; la connoiſſance de tous leſquels cas appartient aux Baillifs, Sénéchaux & Juges ordinaires, (ſuivant l'Article X. du Titre I. *de l'Ordonnance des Eaux & Forêts de* 1669.) à moins que cette proprieté ne fut neceſſairement connexe à un fait de Reformation & Viſitation ; ou incidente & propoſée pour défenſe contre la pourſuite ; auquel cas les Officiers des Eaux & Forêts en peuvent prendre connoiſſance, ſuivant le même Article.

E ij

Ils connoissent aussi des appellations des Sentences rendûës par les Maîtres des six Gardes de la Forêt.

Les Capitaines de Chasses connoissent seulement des Faits de Chasses, & jugent avec les Officiers de la Maîtrise : mais le Capitaine des Chasses a Séance & voix déliberative avant les Maîtres Particuliers, & le Lieutenant des Chasses avant le Lieutenant de Robe longue.

Leur Ressort est fixé par une Declaration du Roi du 27 Juillet 1701.

Le Ressort de la Maîtrise s'étend sur tout le Duché, ou, ce qui est la même chose, sur l'ancien Baillage d'Orleans, sans en excepter la Châtellenie de Lorris, ni les cinq Baronies du Perche-Goüet. Elle s'étend aussi sur le Comté de Gien.

A l'égard du Comté de Beaugenci, quoique du Duché d'Orleans, il a une Maîtrise particuliére, mais sans Capitainerie des Chasses, qui est réunie à celle d'Orleans depuis 1701.

L'appel des Jugemens de la Maîtrise particuliére & des deux Capitaineries, se porte à la Table de Marbre à Paris.

Les Audiences de la Maîtrise des Eaux & Forêts se tiennent tous les Samedis, *à* 10 *heures du matin, dans la Salle du Châtelet.*

Celle des Chasses se tient le même jour à deux heures après midi, pour la Capitainerie de Beauce, & le Vendredi *pour celle de Sologne.*

MAITRES DES SIX GARDES,

Messieurs,

CHAUMONTOIS.

MAITRE. François Maugiton, *à Lorris.*
Procureur du Roi. René-Abraham Riou, *à Lorris.*
Greffier. Jean-Baptiste Isabeau, *à Lorris.*

Cette Maitrise est composée de quatre Gardes.

Garde Général. Jacques Joli, *aux Bordes.*

Le Siége se tient à Lorris les Lundis à 10 h. du m.

MILIEU.

MAITRE. François Charveau, *à Bellegarde.*
Procureur du Roi. Richard Lenormand, *rue du Bourdon blanc.*
Greffier. N. Reculé, *à Chateauneuf.*

Cette Maitrise est composée de cinq Gardes.

Garde-Général, Antoin. Rozet Labaume, *à Chatenol.*
Le Siége se tient à Chateauneuf les Vendredi à 10 h.

VITRI.

MAITRE. Gilles-Marin Brunet, *à Vitri.*
Procureur du Roi. Edoüard Pellard, *à Vitri.*
Greffier. Hugues Vallet de Chevigni, *à Vitri.*

Cette Maitrise est composée de trois Gardes.

Garde-Général, Edme Volequin, *à Fay.*

Le Siége se tient à Vitri le Jeudi à 10 h. du matin.

COURCI.

MAITRE. Frederic-Rom. Rousseau, à *Lourl*.
Procureur du Roi. Florent Deloines, à *Trainou.*
Greffier. Louis-Henri Blanchet, à *Trainou.*
Cette Maitrise est composée de trois Gardes.
Garde Général. Louis-Charles Badault, à *Chamboni*
Le Siége se tient à Courci le Mercredi à 10 h. du m.

NEUVILLE.

MAITRE. Paul Leclerc, *rue des Minimes*.
Procureur du Roi. Guillaume Jacquet, *rue des grands
ciseaux.*
Greffier. Charles Lubin, *rue charpenterie.*
Cette Maitrise est composée de six Gardes.
Garde Général. Thomas Milet, à *Cercottes.*
Le Siége se tient à la Croix-de-Fleuri, le Mardi
à 10. h. du m.

GOMMAST.

MAITRE. Pierre Fleureau, *au petit Marché
de la porte Renard.*
Procureur du Roi. Altin-Richard Chauvreulx, *rue
faint Côme.*
Greffier. Jacques Devaulx, *rue Bannier.*

Cette Maitrise est composée de six Gardes.

Garde Général. Pierre-Franç. Bertrand, *au Martrol.*

Le Siége se tient au Hameau de Villeneuve, Paroisse d'Ingré, le Lundi à 10 h. du m.

Les Maitres des Gardes connoissent en premiere
instance des moindres délits commis dans les Eaux
& Forêts : l'appel de leurs Jugemens se porte en
la Maitrise d'Orleans.

CHAMBRE DU TERRIER OU DOMAINE.

MESSIEURS,

CURAULT, *Lieutenant Général.*
Boyetet, *Lieutenant Criminel.*
Lhuillier, *Lieutenant Particulier.*
Pothier, *Conseiller au Présidial.*
Le Clerc de Doüi, *Procureur du Roi.*

Greffier.   Mr. Legrand.
Notaire.   Mr. Lion.

Cette Chambre a été établie en l'année 1743, pour la confection du Terrier du Duché d'Orleans & du Comté de Beaugenci, qui en est une dépendance, & pour juger les contestations concernans les Droits Seigneuriaux & Féodaux dépendans du même Duché, qui peuvent être formées incidemment à la confection de ce Terrier.

A l'égard de toutes les autres Démandes qui peuvent concerner les Droits Seigneuriaux & Féodaux dépendans du Duché d'Orleans, autres que celles incidentes à la confection du Terrier, elles se portent devant les Juges ordinaires à qui la connoissance en appartient.

Cette Chambre est composée de cinq Commissaires, qui jugent au nombre de trois. Les appellations de leurs Sentences se portent en la Grande Chambre du Parlement de Paris; mais leurs Jugemens s'exécutent par provision.

Les Audiences se tiennent au Châtelet les Jeudis, à 10 heures du matin, de quinzaine en quinzaine.

JUSTICE DU CANAL
QUI SE TIENT AU PONT AUX MOINES

Messieurs,

JUGE CONSERVATEUR DU CANAL,

CHIQUET, *Avocat en Parlement*, à Paris.

Lieutenant. Odigier de la Couronnerie, *rue Charpent*
Procureur Fiscal. Barbot, *rue des Carmelites.*
Greffier. Marchand, *près le grand Cimetiére.*

Cette Justice a été créée par Edit du mois de Mars 1679, qui accorde à M. le Duc d'Orleans le Droit de Justice haute, moïenne & basse sur toute l'étendue du Canal d'Orleans, & ses dépendances, comme Levées, Ecluses & Fonds d'icelles, & deux Perches de Terres des deux côtez dudit Canal; Moulins, Maisons, & Lieux à faire Magasins, Etangs, Réservoirs, Ruisseaux, Aqueducs, Ponts & Chaussées, les autres Terres acquises pour construire les ouvrages servans à la perfection de ce Canal, & tout ce qui en dépend.

Pour l'administration de cette Justice il y a un Juge, un Lieutenant, un Procureur Fiscal, & un Greffier; les appellations se relevent même au Parlement de Paris, & on y juge par provision, & nonobstant l'appel, jusqu'à la somme de vingt liv. tant pour l'interêt des Parties que pour les Amendes, lesquelles appartiennent a M. le Duc d'Orleans.

Pour l'exercice de cette Justice il y a deux Siéges; l'un à Montargis, & l'autre près d'Orleans. Celui d'Orleans se tient dans la Maison du Prieur du Pont-aux-Moines tous les premiers Lundis de chaque mois.

OFFICIERS DE L'ELECTION.

Messieurs,

BEVILLE, *Président*, rue des grands ciseaux.
Alix, *Lieutenant*, rue des grands Ciseaux.

CONSEILLERS, *Messieurs,*

MASSON, Doyen, *rue des Hennequins.*
Masson de Villenpuis, *rue des Juifs.*
Pellerin, *rue du Bourdon blanc.*
Fascon, *rue du Bourdon blanc.*
Poullin, *devant saint Sulpice.*
Boullier, *cloître saint Etienne.*
Odigier des Rogeres, *Procureur du Roi*, au cloître de sainte Croix.

GREFFIER,

Mr. Doulceron, *rue du Poirier.*

Huissiers.

Jean Travaillis le jeune, *premier Huissier Audiencier,* rue de la Triperie.
Jean-Joseph Lemoine, *derriere sainte Marie.*

Cette Jurisdiction connoît en premiere Instance de tout ce qui regarde les Tailles, Taillons, Recrües & Subsistances, des Aides, & de toutes les autres Impositions & Subsides dans toute l'étenduë de l'Election d'Orleans ; des contraventions pour la vente du Papier Timbré, du Tabac, & autres Fermes & Droits y joints.

Elle juge en dernier Ressort dans certains cas, pourvû que leurs Jugemens soient rendus par cinq Juges.

Elle connoît auffi de tous les Délits qui arrivent pour le fait des Commiſſions & Emplois des Commis, Gardes, & autres aiant le Serment à Juſtice, emploiés dans l'adminiſtration des Fermes, & pour les cas arrivés dans le cours & à l'occaſion de leurs exercices.

Mrs. de l'Election tiennent leurs Audiences les Mercredis & Samedis matin, à 10. heures, dans une des Salles du Châtelet.

Les Appellations de leurs Sentences ſe relevent à la Cour des Aydes de Paris.

✳✳✳✳✳✳✳✳✳✳✳✳✳✳✳✳✳✳✳✳✳✳✳✳

OFFICIERS DU GRENIER A SEL.

Meſſieurs,

N.   *Préſident.*

Picault, *Grenetier*, rue du cheval rouge.

Dunant, *Controlleur*, rue de la Levrette : *il a les deux Charges de Controlleurs.*

Couret de Villeneuve, *Procureur du Roi*, aux quatre Coins.

Debeaubois, *Greffier*, rue du Poirier.

Phelippes, *Receveur*, rue des Minimes.

Huiſſier Audiencier.

François Niboudet de Chantelou, *rue des Carmes.*

Les Officiers du Grenier à Sel jugent en premiere inſtance les conteſtations qui arrivent au ſujet des Gabelles, de la Diſtribution du Sel, des Droits du Roi, & ils en connoiſſent dans certains cas en dernier Reſſort.

Ils connoiffent auffi des Délits qui arrivent à cette occafion, comme fauffonnages, malverfations des Commis, & autres Emploiés dans les Gabelles, & des rebellions qui peuvent fe commettre à cet égard.

On appelle de leurs Jugemens à la Cour des Aides de Paris.

· Le Reffort de cette Jurifdiction s'étend fur la Ville d'Orleans, & Franchifes, & fur foixante-douze Paroiffes des environs.

· Les Audiences fe tiennent les Mercredis & Samedis à deux heures après midi, dans une Chambre qui eft vis-à-vis le Grenier à Sel.

On diftribuë le Sel ces mêmes jours pendant toute l'Année, & outre cela les Lundis, depuis la Touffaints jufqu'à la Chandeleur.

OFFICIERS DE LA MONNOIE.

Meffieurs,

GUERIN, *Juge Garde*, à la Monnoie.
Deloines, *Juge Garde*, à la Monnoie.
Sarrebource, *Contrôleur, Contre-Garde*, à la Monnoie.
Delagueulle de Coinces, *Procureur du Roi*, au coin de la rue Neuve.
Greffier. Mitouflet, *au Marché à la Crème.*

Commis à l'Exercice du Greffe.
Piffeau, *devant faint Sauveur.*

Arnault, *Directeur Treforier*, à la Monnoie.
Effayeur. Jolivet, à la Monnoie.
Graveur-Commis. Dupuis, à la Monnoie.

Huiſſiers Audienciers.

Pierre Roberdai, *rue du Coulon.*
Jean-Antoine Courtin, *au coin Notre-Dame.*

Les Juges Gardes de la Monnoie connoiſſent en premiere Inſtance, 1°. Des abus qui ſe commettent par les Maîtres & Officiers de la Monnoie, & de tous ceux qui travaillent en Or & en Argent pour la manufacture ſeulement de leurs ouvrages.

2°. Ils connoiſſent des Statuts, Réglemens & Receptions des Orfevres & Joüailliers.

3°. Des crimes commis dans les Monnoies & au ſujet des Monnoies, par prévention avec les Officiers des Baillages & Siéges Préſidiaux.

Leur Juriſdiction s'étend dans toute la Généralité.

Les Audiences ſe tiennent tous les Mercredis & Vendredis, dans une Chambre qui eſt dans l'Hôtel de la Monnoie, *rue du Pot d'Argent.*

On appelle de leurs Sentences à la Cour des Monnoies à Paris.

Cette Monnoie avoit été ſupprimée en 1540. Elle a été rétablie par un Edit du mois d'Octobre 1716.

Le Bureau des Orfevres, (& où ſe font auſſi les Eſſais du Titre de l'Or & de l'Argent,) ſe tient tous les Jeudis, à deux heures après midi, chez le Sieur *Burbure*, Cloître ſaint Sulpice.

Contrôle de la Marque d'Or & d'Argent.

Le Bureau eſt chez le Sieur Jacques Hanappier, Orfévre, au coin de la rue des petits Souliers.

CHANGEURS,

Balange, *rue des Hennequins.*
Veuve David, *à la Poſte.*

LIEUTENANCE

DES MARECHAUX DE FRANCE.

CEtte Jurifdiction eft compofée d'un Lieutenant des Maréchaux de France, qui connoît & juge en fon Hôtel les Differends qui furviennent entre les Gentilshommes, ou autres faifans Profeffion des Armes, pour raifon des Droits honorifiques des Eglifes, des Prééminences de Fiefs & des Seigneuries, ou autres Querelles mêlées avec le Point d'Honneur.

Le Reffort de cette Jurifdiction s'étend fur tout le Baillage d'Orleans, & fur tous les Siéges particuliers qui en dépendent.

On appelle de fes Jugemens au Tribunal de Meffieurs les Maréchaux de France.

MESSIEURS.

De Cormes, *Lieutenant des Maréchaux de France*, rue de la Bretonnerie.

Dorleans, *Lieutenant par commiffion*, rue des Carmelites.

GREFFIER, *par commiffion*, Lion, *Notaire.*

Archers-Gardes de la Connétablie exploitans.

Pierre Fidé, *rue des Paftoureaux.*
Nicolas Carriere, *près le Grenier à Sel.*

JURISDICTION CONSULAIRE.

JUGE ET CONSULS, Messieurs,

TASSIN l'aîné, *rue de Semoi*, Conful en 1737.
Beniard, *rue Bourgogne*, Conful en 1738.
Boiflandri, *Cloître faint Samfon.*
Guinebault de la Cour, *près faint Pierre Puellier.*
Paris Labergere le jeune, *rue Bourgogne.*

GREFFIER.

Mr. Mallard, *rue des trois Maries.*

Procureurs Poftulans.

Jacques-Michel Piffeau , *Procureur Syndic*, ruë des
Paftoureaux.
Charles Rathoin, *cloître faint Samfon.*
Antoine Affellineau des Mazures, *rue des 3. Maries.*
Alphonfe-Pierre Amyot, *rue du Poirier.*

Huiffiers Audienciers.

Gentien Affellineau des Mazures, *près les Benedictins*
Loüis-Hugues Malingre, *à la Poterne.*
Pierre-André Dumuids, *à l'Officialité.*
Gilles Thomain, *prés faint Germain.*

La Jurifdiction Confulaire eft compofée d'un Juge
ou Préfident, & de quatre Confuls, dont un Ancien,
qui tiennent leurs Audiences les Lundis, Mercredis,
Jeudis & Samedis, à deux heures après midi, dans
une des Chambres de l'Hôtel de Ville.

Ils connoiffent en premiere inftance dans toute l'é-
tenduë du Duché d'Orleans,

1. De tous Procès pour Fait de Marchandifes

entre Marchands, leurs Veuves & Héritiers, & leurs Facteurs.

2. Des Billets de Change ou autres, entre Marchands seulement.

3. Des Lettres de Change tirées de Place en Place entre toutes sortes de Personnes.

4. Des Differends pour Ventes faites par des Marchands à d'autres Marchands, ou Artisans & Gens de Métier, qui achetent afin de revendre ou de travailler de leur Profession.

5. Des Gages, Salaires & Pensions des Facteurs & autres Serviteurs de Marchands pour le fait de leur Trafic.

6. A l'égard des Ventes faites par des Particuliers non Marchands à des Marchands, ou Artisans faisans profession de revendre, il est libre de faire assigner les acheteurs, ou pardevant les Juges ordinaires, ou pardevant les Consuls.

7. Ils jugent en dernier Ressort & sans appel jusqu'à la somme de cinq cens livres, & leurs Sentences s'exécutent par provision dans tous les autres cas ; mais ils doivent être trois Juges pour pouvoir rendre un Jugement.

8. Tous Débiteurs pour fait de Commerce y sont condamnés par corps.

9. Les Parties doivent comparoître en personnes à moins d'excuses legitimes ; & tout s'y juge sommairement.

10. Les Huissiers & Sergens Roïaux exploitent pour cette Jurisdiction, sans *pareatis* des Juges ordinaires.

Le Consulat n'a point de Territoire, & l'exécution de toutes les Sentences qui y sont renduës, appartient aux Juges Roïaux ordinaires, à la reserve des contestations qui peuvent survenir touchant l'interpretation de ces mêmes Sentences.

L'Appel des Sentences du Consulat se releve au Parlement.

On procede tous les ans à l'élection de nouveaux Consuls : cette élection se fait le premier Mardi d'*après la Madeleine* , pour entrer en exercice après le premier Août.

ANCIENS JUGES ET CONSULS VIVANS.

Années d'Election
de

ANCIENS JUGES
OU PRÉSIDENS.

CONSULS.	Présidens.	MESSIEURS,
1707.	1720.	D Eloines de Champillou.
1715.	1722.	D Robert Seurrat.
1725.	1733.	Hachin d'Acheres.
1715.	1734.	Paris Labergere.
1728.	1737.	Gorrand.
1719.	1740.	Lhuillier des Ponceaux.
1729.	1741.	Privé Delaselle.
1732.	1742.	Massuau de Suri.
1737.	1743.	Fabus.
1743.	1744.	Jogues des Ormeaux.
1733.	1746.	Baguenault.
1733.	1747.	Crignon de Bonvalet.
1730.	1748.	Vandebergue Villebouré l'aîné.
1731.	1749.	Hudault.

ANCIENS CONSULS.

1719.	L Enormand Tassin.
1721.	L Petau Gaudeffroy.
1723.	{ Chauvreulx.
	Provenchere de Villiers.
1724.	Jousse du Quillard.
1727.	Polluche l'aîné.

1728. Chauvreulx Jarron.

1730. { Bordier Papillaut.
Fleureau Jacque.

1732. { Guinebault Dorson.
Vaslin Clement.

1733. Desfriches.

1734. { Miron Humery.
Pigeon Leroi.

1735. Vandebergue Taffin.

1736. { Boilléve Humery.
Colas des Francs l'aîné.
Leroy Pichard.

1737. { Charpentier de la Motte.
Taffin l'aîné.

1738. Jsambert Bagnaux.

1739. { Deloynes Douville.
Roucellet l'aîné.

1740. { Seurrat de Concire.
Brasseux Leroy.

1741. { Pinchinat l'aîné.
Miron de Cougniou.
Petau Lafosse.

1742. { Seurrat de Lossi.
Paris Labergere l'aîné.
Duchesnai.

1743. Vaslin Jahan.
{ Taffin des Hauts-Champs.
Hachin.

1744. { Miron de Cougniou.
Jacque Vinot.
Tribou.

B

1745. {
Chaffaing l'aîné.
Leroy Boefnier.
Deloines Champillou fils.
}

1746. {
Boucher Chauvreulx.
Miron Paris.
Sergent Chaffaing.
}

1747. {
Beaufils.
Guignebault Poullin.
Germon Boefnier.
}

1748. {
Seurrat Delabarre.
Gombault Hubert.
Lhuillier des Coudreaux.
}

1749. {
Beauvais Polluche.
Guignebault Miron.
Porcher Rigault.
}

1750. {
Pinchinat Seurrat.
Jarron Provenchere.
Roucellet Hachin.
}

****

OFFICIALITÉ DU DIOCÉSE.

Messieurs ,

DELAGOGUE', *Sous-Doyen de l'Eglise d'Orleans*, Official , *à l'Evêché.*

Paris, *Archidiacre de Beauce & Chanoine en ladite Eglise*, Vice-Gerent , *rue des Paftoureaux.*

Cordier, *Chanoine de ladite Eglise* , Promoteur , *Pommier rouge.*

Muret, *Chanoine de ladite Eglise* , Vice-Promoteur, *rue du Batoy-verd.*

GREFFIER.

Mr. Lion, *Notaire* , rue des hautes Goutiéres.

Il n'y a que les Avocats reçûs devant l'Official, ou par M. l'Evêque, qui plaident en cette Jurifdiction, & qui font la procedure : les Procureurs n'y plaident & n'y poftulent point.

Avocats plaidans à l'Officialité.

Meffieurs,

Guignace.	Triquoys.
Levéville le jeune.	Gueret.
Heau.	Guyot.
Rozier.	Deshais.
Chaubert.	Moutié.

Huiffiers-Appariteurs en l'Officialité.

Dumuids, *à l'Officialité.*
Poiffon, *cloître fainte Croix.*

Les Audiences pour les Caufes de l'Officialité fe tiennent dans l'Auditoire de l'Evêché les Mercredis & Vendredis, à deux heures après midi.

Tous les Ecclefiaftiques du Diocéfe, (à la réferve de ce qui dépend de l'Officialité du Chapitre de ste. Croix,) même les Clercs vivans clericalement, font jufticiables en premiere inftance de l'Officialité en action pure perfonnelle, lorfqu'ils font Défendeurs, & lorfqu'il ne s'agit d'aucun droit ou fait poffeffoire, ni de l'état des Perfonnes; qu'il n'y a rien de réel mêlé dans l'action, ni aucune hipotéque jointe, & que cette action ne réfulte d'aucune adminiftration temporelle.

Ils font encore jufticiables de l'Official en matiere de Simonie, & pour autres crimes par eux commis en ce qui régarde le délit commun.

L'Official connoît auffi entre Laïques des Dixmes Ecclefiaftiques au petitoire, lorfqu'il n'y a point de conteftation fur leur nature ; du Mariage, quant à fa validité ou invalidité, lorfqu'il eft conftant, & qu'il eft prétendu nul pour caufe de parenté, alliance, ou autres empêchemens dirimans ; mais non lors qu'il a été contracté contre la difpofition des Loix & Ordonnances Roïaux.

C'eft à ce Tribunal qu'on porte toutes les conteftations concernant les oppofitions aux publications des Bans de Mariage ; ou à fa célebration, lorfque ces oppofitions font fondées fur des promeffes ou engagemens de mariage, pourvû que ces promeffes foient conftantes; & feulement à l'égard des perfonnes qui ont fait ces promeffes : mais l'actionpour raifon des dommages & interêts réfultans de l'inéxécution de ces promeffes fe porte devant les Juges ordinaires, ainfi que les oppofitions formées aux mariages par des Parens, Tuteurs, & autres tierces Perfonnes.

L'Official connoît encore entre toutes fortes de Perfonnes de la validité ou invalidité des Vœux de Religion, des Sacremens, de l'Office Divin, de la Difcipline Ecclefiaftique, & autres caufes purement fpirituelles.

L'exécution des Sentences de l'Officialité, & les conteftations qui peuvent furvenir en conféquence, à la réferve de celles qui regardent l'interpretation de leurs Sentences, appartient aux Juges Roïaux ordinaires.

On appelle de cette Jurifdiction à l'Officialité Metropolitaine de Paris ; ou au Parlement lorfqu'il y a lieu à l'appel comme d'abus.

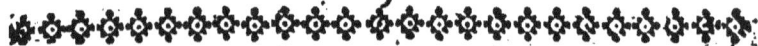

OFFICIALITÉ
DU CHAPITRE DE SAINTE CROIX.

Messieurs,

PROUST, *Chan. de l'Eglise d'Orleans*, Official.
P Goury, *Syndic de ladite Eglise*, Promoteur.
Caillard, *Chan. de la même Eglise*, Vice-Promoteur.

Secretaire. Pisseau, *devant saint Sauveur.*

L'Official du Chapitre de sainte Croix connoît
des mêmes causes que l'Official du Diocése, mais
seulement entre les Chanoines, Beneficiers, Musi-
ciens, & autres Officiers Ecclesiastiques du Chapitre de sainte Croix, & aussi dans l'étenduë des
Paroisses dépendantes de cette Jurisdiction, qui sont,
Chilleurs, Mardié, Traisnou, Gemini, Villereau,
Sougi, Terminiers, Rouvrai sainte Croix, Nung,
Noüan sur Loire, Marai (Diocése de Bourges,)
& sur les Cloîtres des Paroisses de Gemini, Mardié,
Olivet, & saint Privé.

Les Audiences de cette Officialité se tiennent les
Mercredis & Vendredis, à deux heures après midi,
dans la Salle du Prétoire; & les appellations des
Jugemens qui y sont rendus, se portent nuëment
en l'Officialité Metropolitaine de Paris.

JURISDICTION DU SCHOLASTIQUE.

CEtte Jurisdiction, (qui n'est que volontaire &
C non contentieuse,) consiste au Droit de recevoir & instituer les Maîtres & Maîtresses d'Ecole,
dans l'étenduë de la Ville & du Diocèse; & à avoir
direction & connoissance de tout ce qui concerne le

Fait des Ecoles , & des Differends entre les Maîtres;

SCHOLASTIQUE.

Mr. Bailli de Montaran , *rue des trois goblets;*

PROMOTEUR.

Mr. Agnan , *Chanoine de l'Eglise d'Orleans;*

Greffier. Jean Petit , *chez Mr. le Scholastique.*

****

BUREAU DES DECIMES,

OU

CHAMBRE ECCLESIASTIQUE.

CEtte Chambre connoît en premiere inſtance ; à l'excluſion de tous autres Juges , des impoſitions qui ſe levent ſur le Clergé dans toute l'étenduë du Dioçéſe ; & des conteſtations au ſujet des départemens & du payement des ſommes qui y ſont portées ; comme auſſi de la peine du double impoſée à ceux des Beneficiers qui ne fourniſſent pas des déclarations éxactes de leurs biens.

Elle juge en dernier reſſort toutes les conteſtations , lorſqu'elles n'excedent pas la ſomme de trente livrres ; & dans tous les autres cas leurs Sentences s'exécutent par proviſion.

On appelle de ce Bureau à la Chambre Souveraine du Clergé de Paris.

Il ſe tient les Vendredis , à trois heures après midi à l'Evêché , & eſt compoſé de M. l'Evêque , qui y préſide comme Chef ; de cinq Deputés , & d'un Syndic.

En l'absence de M. l'Evêque, un des Grands Vicaires y a Séance, & préside.

Messieurs,

LEBRUN D'INTEVILLE, Chanoine & Archidiacre de l'Eglise d'Orleans, *Député du Chapitre.*

MIRON, Chanoine de S. Agnan, *Député du Chap.*

LEROY, Chanoine de l'Eglise d'Orleans, *Député dudit Chapitre.*

LEJEUNE, Curé de l'Aleu-Saint-Mesmin, *Député pro reliquo Clero.*

BENOIST, Prieur-Curé de saint Maclou & de saint Sulpice, *Député pro Regularibus.*

MURET, Chanoine de l'Eglise d'Orleans, *Syndic du Clergé.*

GREFFIER, Bouthier, *rue de la charpenterie.*

Receveur des Decimes du Diocèse,
Lambert, *au Bureau des Carosses,* rue du Colombier.

Greffier des Insinuations Ecclesiastiques,
Cordier, *Secretaire de l'Evêché.*

Le Bureau est à *l'Evêché.*

Le Bureau des Greffe & Contrôle des Biens des Ecclésiastiques & Gens de Main-morte pour la déclaration de leurs Biens & Revenus, est aussi à *l'Evêché.*

Commis à la Direction Générale des Oeconomats des Benefices au Département d'Orleans.
Lion, *Notaire,* rue des hautes Goutiéres.

Directeur des Biens des Religionnaires Fugitifs,
Dounant, rue de la Bretonnerie.

BUREAU DES BATIMENS DE Ste. CROIX.

CE Bureau eft compofé de M. l'Evêque qui y préfide, du Corps de Mrs. les Tréforiers, & de cinq Commiffaires nommés par Brevet du Roi.

En l'abfence de M. l'Evêque, c'eft le plus ancien des Tréforiers qui préfide.

On y regle tout ce qui regarde les Bâtimens de l'Eglife de fainte Croix, & les Reparations qui y font neceffaires : il fe tient à l'Evêché tous les Jeudis à trois heures après midi.

M. l'EVÊQUE, Préfident.

Mrs. les Tréforiers.

Mr. De Colbert, *Doyen de l'Eglife d'Orleans, & Grand Vicaire.*

Mr. Delagogué, *Sous-Doyen de l'Eglife d'Orleans, & Grand Vicaire.*

Mr. D'Inteville, *Grand Vicaire.*

Mr. Perdoulx des Bardillieres, *Ancien Maire*, rue du petit Ambert.

Mr. Robillard, *Confeiller au Baillage*, rue des Cures.

GREFFIER.

Mr. Prevoft, *Notaire*, rue du Cocq-d'Inde.

Commis à la Recette des Deniers deftinés pour la Réedification des Bâtimens de fainte Croix.

Mr. Boüin, *rue de la cerche.*

INSPECTEUR.

Mr. Gabriël, *premier Architecte du Roy*, à Paris.

Ingenieur du Roy, Controlleur defdits Bâtimens.

Mr. Desroches, *rue de la Bretonnerie.*

BUREAU DES MARCHANDS FREQUENTANS.

CE Bureau est composé de deux Présidens pris du Corps des Marchands, & élus dans une Assemblée générale des Deputés des Marchands frequentans la Loire, & autres Rivières y affluentes : ces deux Présidens choisissent quatre autres Personnes pour leur servir d'Adjoints, & ces Adjoints sont aussi pris dans le Corps des Marchands.

L'élection se fait tous les quatre ans le 10. de Mai: mais souvent on continuë ceux qui sont en place.

Cette Jurisdiction a été établie pour regler tout ce qui peut contribuer à l'entretien de la Navigation de la Loire, & des autres Rivieres qui s'y jettent, afin que leurs lits ne soient point embarassés, & que l'on y puisse commercer facilement.

Messieurs du Bureau ont des Delegués dans les principales Villes de la Loire, qui ont les mêmes fonctions, & qui ont soin de leur rendre compte.

Ils ont pour raison de leurs fonctions leurs causes commises en premiere instance en la Grand'Chambre du Parlement de Paris.

Messieurs,

TAssin des Hauts-champs, *Président*, vis-à-vis saint Donatien.

Jsambert de Bagnaux, *Receveur*, près la Poste.

Privé, *Adjoint*, rue sainte Catherine.

Seurrat de Concire, *Adjoint*, rue de Recouvrance.

Miron de Marville, *rue de la Hallebarde.*

Deloines Champillou Fils, *rue de Recouvrance.*

GREFFIER. Mr. Rigault, *rue vieille poterie.*

Le Bureau se tient dans une des Chambres de l'Hôtel de Ville : il n'y a point de Séance reglée.

Fermier de la Boëte. M. Monginot, *rue des Cures.*

TURCIES ET LEVÉES.

TOut ce qui concerne les Turcies & Levées de la Loire, & des autres Riviéres qui s'y jettent, est de la connoissance des Intendans des Turcies & Levées, & se sont eux qui sont Juges en cette matiére. C'est aussi pardevant eux que se font les Adjudications des Baux, tant pour Reparations que pour tous autres Ouvrages necessaires à ce sujet.

Les Affaires contentieuses se jugent en l'Election d'Orleans, pour ce qui est dans l'étenduë de cette Election.

Intendans des Turcies & Levées.

1736. Mr. Guillot, à Paris.
1749. Mr. Lambron de Bois-le-Roi, à Tours.

Mr. Odigier des Rogeres, Procureur du Roi.

GREFFIER. Mr. Doulceron, rue du Poirier.

Controlleurs desdites Turcies & Levées.

1735. Mr. Lambron, à Tours.
1751. Mr. Colas de Lumeau, à Orleans.

Ingenieur desdites Turcies & Levées.

Mr. De Regemorte, à Montargis.

Tresorier Général desdites Turcies & Levées.

1745. Mr. Rocher, à Paris.

Commis à la Recette desdites Turcies & Levées.

Mr. Leclerc, rue des Minimes, pour ledit Sieur Rocher, qui a les deux charges.

BUREAU DE L'HOPITAL GENERAL.

CE Bureau est composé de M. l'Evêque, Chef né de la Direction de l'Hôpital; de Mr. le Lieutenant Général du Baillage, & de Mr. le Lieutenant Général de Police, Administrateurs nés; de deux Echevins; & de treize autres Personnes choisies, du nombre desquelles il doit y avoir trois Ecclesiastiques.

CHEF DE L'ADMINISTRATION.

M. L'Evêque.

ADMINISTRATEURS, *Messieurs*;

Curault, *Lieutenant Général*, rue des Cures.

Vandebergue, *Lieutenant Général de police*, rue des Minimes.

Vallet, *chantre & chanoine de l'Eglise d'Orleans*; Deputé du Chapitre.

Deloines de Champillou, *rue vieille poterie*.

Miron, *chanoine de saint Aignan*, Deputé.

Jacque du Coudrai, *ancien curé de saint Liphard*, Deputé des Curés.

Lhuillier des Ponceaux, *rue de Recouvrance*.

Jogues des Ormeaux, *rue de l'Oratoire*.

Letrosne, *conseiller au présidial*, rue de la Levrette; Deputé du Présidial.

Boilléve Domeci, *au Martroy*, Dep. des Trésoriers.

Saint-Mesmin des Vaslins, *rue des Hennequins*.

Fleureau, *au Marché de la porte Renard*.

Alix, *Conseiller au présidial*, cloître sainte Croix.

Hudault, *au Marché à la Volaille*.

Vandebergue, *rue de Recouv.* } Echevins
De Noras, *rue des Minimes..* } Deputés,
Taſſin, *rue de Semoi.*
Provenchere de Rouvrai, *rue Bannier.*

Receveur. Bruneau, *près la Conception.*
Notaire. Lion, *rue des hautes Goutieres.*
Procureur. Porcher, *rue vieille Monnoye.*

Deux Appariteurs.

Mrs. les Adminiſtrateurs ont Séance au Bureau ſuivant le tems de leur reception, à la réſerve des Adminiſtrateurs nés, qui ont toujours les premières Séances.

Les Aſſemblées pour le Bureau ſe tiennent tous les Lundis & Vendredis de chaque ſemaine, à deux heures après midi, dans une des Salles de l'Hôpital.

Mr. le Lieutenant Général préſide en l'abſence de M. l'Evêque ; enſuite Mr. le Lieutenant Général de Police ; & en leur abſence le Deputé de ſainte Croix ; enſuite le plus ancien des Laiques, & en ſon abſence le Deputé de ſaint Aignan.

✳✳✳✳✳✳✳✳✳✳✳✳✳✳✳✳✳✳✳✳✳✳✳✳

BUREAU DE L'HOTEL-DIEU.

L'Hôtel-Dieu eſt gouverné pour le Temporel par ſix Adminiſtrateurs ; ſçavoir, de deux Chanoines deputés de ſainte Croix nommés par le Chapitre, qui ont auſſi l'adminiſtration du Spirituel ; de deux Officiers, & de deux Marchands élus par les Maire & Echevins.

ADMINISTRATEURS, *Messieurs*;

Etienne-Claude Deguienne, *chanoine de sainte croix*, près les petits Carmes.

Gabriël Delaselle, *chanoine*, cloitre saint Etienne.

François Perdoux des Bardillieres, *ancien Maire*, rue du petit Ambert.

Guillaume Perdoux du Bignon, *rue saint Eloy*.

Georges Vandebergue Villebouré, *rue de la crosse*.

Michel Vandebergue l'aîné, *rue de Recouvrance*.

Receveur. Etienne Pernet, rue saint Eloi.

Notaire. Liphard-Daniel Blandin, rue S. Sauveur.

Procureur. Nicolas Gueret, rue du Poirier.

Medecins de l'Hôtel-Dieu.

Mr. Villac Delaval, rue du Colombier.

Mr. Harduineau, rue des grands ciseaux.

Chirurgien en chef & Lithotomiste.

Delacroix, *Lieutenant du premier Chirurgien du Roi*, rue vieille Poterie.

Leblanc, *devant saint Maclou*. Lithotomiste.

Guillon le jeune, *place de l'Etape*, Chirurgien.

Le Bureau se tient les Mercredis & Samedis à trois heures après midi, dans une des Salles dudit Hôtel-Dieu.

SANITAS.

CEt Hôpital dépend de la Ville, & est sous l'administration de Messieurs les Maire & Echevins.

BUREAU DES ECOLES DE CHARITE', ET DES PAUVRES DE CAMPAGNE.

CE Bureau, qui a été établi suivant l'Arrêt de la Cour du 26 Juin 1750. est composé de six Administrateurs, dont deux sont Administrateurs nés, pour avoir l'administration des bieus donnés par Mr. Masson de la Manerie aux Ecoles de Charité, & aux Pauvres de la Ville & des Paroisses de Campagne des environs d'Orleans.

ADMINISTRATEURS ; *Messieurs*,

Curault, *Lieutenant General*, Administrateur né.

Le Clerc de Doüi, *Proc. du Roi*, Administrat. né.

Boyetet, *Lieutenant criminel*.

Letrofne, *Conseiller au Présidial*.

Antoine Jogues, *rue de Recouvrance*.

Pierre Hudault, *au Marché à la Volaille*.

Ce Bureau se tient tous les quinze jours, en l'Hôtel de Mr. le Lieutenant Général, ou de celui qui y doit présider : en l'absence de Mr. le Lieutenant Général, c'est l'ancien des Administrateurs qui y préside.

MAIRE ET ECHEVINS.

C'Est à eux qu'est confié le soin de faire la répartition & l'imposition particuliére de la Capitation sur chacun des Habitans de la Ville, Fauxbourgs & Franchises, à la réserve des Nobles & Officiers; les Logemens de Gens de Guerre; de veiller à la réfection du Pavé de la Ville, & des petites Chaussées des environs; & généralement de regler ce qui regarde les interêts, revenus, & autres affaires de la Ville en ce qui regarde leur administration courante.

Mrs. les Maire & Echevins doivent s'assembler à cet effet tous les jours, à onze heures du matin, à la reserve des Dimanches & Fêtes : mais ces Assemblées ont été interrompuës depuis quelques années ; il feroit à fouhaiter qu'elles fe rétabliffent comme par le paffé.

Elect.	Messieurs,
1751.	BERTHEREAU DE LA GIRAUDIERE, *Maire*, rue de la Bretonnerie.
1751.	Colas Des Francs, *prem. Echevin-Receveur*, rue faint e Catherine.
1749.	Crignon de Bonvalet, rue ste. Catherine.
1749.	Delagueulle de Coince, *Confeiller au Préfidial*, rue Neuve.
1750.	Vandebergue Villebouré, rue de la croffe.
1750.	Maingre de Noras, rue des Minimes.

Mr. Rigault, *rue vieille Poterie*, Greffier.

Avocats de la Ville.
Mr. Triquoys, rue des hautes Goutiéres.
Mr. Levéville le jeune, rue des grands ciseaux.

Notaires de la Ville.
Mr. Thué, cloitre de faint Pierre Empont.
Mr. Lion, rue des hautes Goutiéres.

Procureurs de la Ville.
Mr. Leftringant, rue des grands ciseaux.
Mr. Porcher, rue vieille Monnoie.

Maitres des Chauffées.
Ce font Mrs. de Ville qui en font les fonctions.

Provifeur du grand Cimétiere.
Mr. Beniard, *Conful*, au petit Marché de la Porte Bourgogne. *C'eft la Ville qui le nomme.*

Premier Huiffier Audiencier en l'Hôtel de Ville.
Joseph Macé, près faint Germain.

ANCIENS MAIRES ET ECHEVINS VIVANS.

Années d'Election de		ANCIENS MAIRES.
Echevins.	Maires.	
1720.	1735.	PErdoulx, *Ancien Lieutenant de la Prévôté.*
1738.	1742.	Hudault.
1740.	1745.	Colas de Mondru.
1740.	1748.	Baguenault Colas.

ANCIENS ECHEVINS.

1713.	DEloines de Champillou.
1726.	D Germé.
1726.	Robert Seurrat.
1727.	Lhuillier des Ponceaux.
1733.	Germé, *Receveur.*
1735.	Lhuillier des Ponceaux, *Receveur.*
1735.	Gorrant Deloines.
1736.	Jogues des Ormeaux.
1737.	Lenormant Taffin.
1739.	Desfriches, *Receveur.*
1739.	Tourtier de la Martiniére.
1741.	Vandebergue l'ainé.
1741.	Depaffac de la Garde.
1742.	Noüel de Tourville, *Receveur.*
1743.	Letrofne, *Conseiller au Présidial.*
1743.	Colas des Francs l'ainé.
1744.	Miron Humery.
1744.	Berthereau de la Giraudiere.
1745.	Vandebergue Villebouré *Receveur*
1746.	Pothier, *Conseiller au Présidial.*
1747.	Taffin Jouffe.
1747.	Rouffeau de la Motte.
1748.	Dorleans de Traci, *Receveur.*

COMPAGNIES DE BOURGEOISIE.

LA Bourgeoisie d'Orleans est composée d'un Major, & de dix Compagnies partagées suivant dix Quartiers differents de la Ville : chaque Compagnie est composée d'un Capitaine, d'un Lieutenant, d'un Enseigne, de trois Sergens, & de sept Caporaux.

COLONEL.

Mr. Jousse de Champremeaux, *rue bannier.*

MAJOR.

Mr. Pisseau de la Bretonniere, *à la Tour-Neuve.*

Messieurs,   *Premiere Compagnie.*
Jousse de Champremeaux, *Capitaine Colonel.*
Godeau, *Lieutenant*, rue des Patoureaux.
Roucellet, *Enseigne*, rue Bannier.
      Seconde Compagnie.
Deloines Neuvilliers, *Capitaine*, rue ste. Catherine.
Ravot le jeune, *Lieutenant*, rue sainte Catherine.
Petau, *Enseigne*, rue sainte Catherine.
      Troisiéme Compagnie.
Pineau, *Capitaine*, rue de l'Impossible.
Hubert, *Lieutenant*, cloître saint Etienne.
Mallard, *Enseigne*, rue des trois Maries.
      Quatriéme Compagnie.
Lhuillier, *Capitaine*, à la Poterne.
Rouzeau, *Lieutenant*, derriere sainte Marie.
Deloines le jeune, *Enseigne*, rue du Bourdon blanc.
      Cinquiéme Compagnie.
Sergent Chassaing, *Capitaine*, rue sainte Catherine.

G

Chevalier , *Lieutenant* , rue fainte Catherine.
Baillard , *Enfeigne* , rue Galleau.

Sixiéme Compagnie.

Leberche , *Capitaine* , Marché Porte Renard.
Papillon , *Lieutenant* , rue fainte Catherine.
Renard , *Enfeigne* , Fauxbourg Bannier.

Septiéme Compagnie.

Pinchinat , *Capitaine* , cloitre faint Sulpice.
Ravot l'aîné , *Lieutenant* , rue fainte Catherine.
Bonvallet Petit-Bois , *Enfeigne* , rue ste. Catherine.

Huitiéme Compagnie.

Petau Lafoffe , *Capitaine* , rue Bannier.
Mariette , *Lieutenant* , rue de l'Impoffible.
Hachin de Pincy , *Enfeigne* , à la Pierre percée.

Neuviéme Compagnie.

Olivier , *Capitaine* , rue du Cheval rouge.
Hery l'aîné , *Lieutenant* , près la Monnoie.
Privé , *Enfeigne* , rue Galleau.

Dixiéme Compagnie.

N.
Birre , *Lieutenant* , à la Croix rouge.
Gorrant le jeune , *Enfeigne* , près faint Paterne.

GARÇON-MAJOR.

Lecomte , *ancien Enfeigne* , rue du Colombier.

AUTRES CHARGES DE VILLE.

Capitaine-Concierge du Châtelet.

Mr. Boilléve , *rue faint Martin de la Mine.*

Maitre Artillier de la Ville.

Mr. René Foreft , *vis-à-vis la grande Boucherie.*

✳✳✳✳✳✳✳✳✳✳✳✳✳✳✳✳✳✳✳✳✳✳✳

CINQUANTENIERS.

CEtte Compagnie est composée d'un Capitaine, d'un Enseigne, de cinq Dixainiers, & de cinquante Archers ou Cinquanteniers, qui ont été établis pour être emploïés aux Affaires de la Ville, exécuter les ordres des Maire & Echevins, assister avec eux aux Processions, Fêtes, Entrées, & autres Ceremonies publiques; contribuer à entretenir le bon ordre, & à maintenir la police; prévenir les troubles & émotions populaires; & en général pour tout ce qui concerne l'utilité publique, & le service de la Ville & des Habitans.

CAPITAINE.

Mr. Michel Rigault, à la Porte Bannier.

✳✳✳✳✳✳✳✳✳✳✳✳✳✳✳✳✳✳✳✳✳✳✳

COMPAGNIES QUI VEILLENT à la seureté de la Ville.

COMPAGNIE DU GUET.

CEtte Compagnie est composée d'un Chevalier du Guet, d'un Lieutenant, d'un Greffier-Controlleur, de huit Brigadiers, & de vingt-deux Archers.

Elle a été créée à l'instar de celle de Paris, & pour faire les mêmes fonctions, qui consistent à veiller pour maintenir la tranquillité publique, & procurer la seureté & le repos des Habitans; empêcher le Port d'Armes à l'égard de ceux qui n'ont pas droit d'en porter, arrêter les vagabonds, gens

G ij

sans aveu, seditieux, & autres perturbateurs du repos public ; à l'effet de quoi ils sont tenus de marcher & faire le guet toutes les nuits.

Ils doivent aussi accompagner le Présidial, lors qu'il marche en Corps aux ceremonies publiques.

MESSIEURS,

Charles Coulombeau, Sieur d'Alou, *Chevalier Capitaine du Guet*, rue des Carmelites.

Marc-Antoine Fillelin Archambault, *Lieutenant du chevalier du Guet*, rue du petit Ambert.

Antoine Martinon, *Greffier-controlleur*, rue des Carmes.

****

COMPAGNIE DE ROBBE-COURTE.

ELle est composée d'un Lieutenant Criminel de Robbe courte, d'un Greffier, d'un Exempt & de huit Archers-Sergens.

Lieutenant criminel de Robbe courte.

Mr. Boyetet, rue de la vieille poterie.

Mr. Le Clerc de Douy, *Procureur du Roi*, rue des hautes Goutiéres.

Jouhanneton, *Greffier*, rue des grands cizeaux.

Exempt de Robbe courte.

Grivot, au petit Marché de la Porte Bourgogne.

✣✣✣✣✣✣✣✣✣✣✣✣✣✣✣✣✣

MARECHAUSSE'E
DE LA GENERALITÉ D'ORLEANS.

Elle est composée d'un Prévôt Général, qui fait sa Résidence à Orleans; de cinq Lieutenans, dont deux sont à Orleans, un à Chartres, un à Blois, & un à Montargis; de sept Exempts; huit Brigadiers, onze Sous-Brigadiers, de cent quatre Cavaliers, & d'un Trompette, qui forment ensemble vingt-six Brigades répandues dans differentes Villes & Paroisses de la Généralité.

Chaque Brigade est composée d'un Officier, & de quatre Cavaliers.

Toutes ces Brigades sont partagées en quatre Départemens, qui sont, ceux d'Orleans, de Chartres, de Blois, & de Montargis.

Le Département d'Orleans est composé d'un Prévôt Général, de deux Lieutenans, de quatre Exempts, quatre Brigadiers, trois Sous-Brigadiers, & de onze Brigades.

Il y a trois de ces Brigades à Orleans, une à Toury; une à Chateauneuf; une à Pithiviers; une à Langennerie; une à Gien; une à Bonni; une à la Ferté-Senneterre; & une à saint Laurent des Eaux.

Le Département de Chartres est composé d'un Lieutenant; d'un Exempt, de deux Brigadiers, trois Sous-Brigadiers, & de six Brigades.

Il y a deux de ces Brigades à Chartres, une à Chateaudun ; une à Maintenon ; une à Iliers , & une à Dourdan.

Le Département de Blois est composé d'un Lieutenant ; de deux Brigadiers , trois Sous-Brigadiers, & de quatre Brigades, dont il y en a deux à Blois ; une à Vendôme ; une à Montoire , & une à Romorentin.

Le Département de Montargis est composé d'un Lieutenant , de deux Exempts , de deux Sous-Brigadiers , & de quatre Brigades, dont il y en a deux à Montargis ; une à saint Fargeau , & une à Clameci.

Outre ces Officiers, il y a dans la principale Ville de chaque Département un Asseseur, un Procureur du Roi de la Maréchaussée, & un Greffier, qui servent pour l'instruction des Procès criminels qui se poursuivent au nom du Prevôt.

DEPARTEMENT D'ORLEANS.

Messieurs ,

B AGUENAULT DE BEAUVAIS , *Prevôt Général* , rue des Cures.
Mauduison, *Lieutenant* , rue du Grenier à Sel.
Doillet de Saint Agnan , *Lieutenant* , rue des Cures.
Boilléve , *Asseseur* , rue des Minimes.
Le Clerc de Doüy , *Procureur du Roy* , rue des hautes Goutiéres.

GREFFIER, Robillard, *rue du coulon.*

UNIVERSITE.

L'Université d'Orleans est composée d'un Chancelier, qui est toujours le Scholastique de la Cathedrale ; de cinq Professeurs en Droit, dont il y en a un pour le Droit François, & de huit Docteurs Aggregés.

Cette Université est une des plus anciennes du Roïaume : elle est de l'année 1305.

Mr. BAILLI DE MONTARAN, Scholastique , *Chancelier.*

DOCTEURS-REGENS, *Messieurs,*

Proust de Chambourg, *Doyen*, rue des grands ciseaux.

Vallet de Chevigni, cloitre sainte Croix.

Pajon, rue du Poirier.

Breton, rue saint Eloi.

Pothier, *Professeur en Droit François*, cloitre de sainte Croix.

DOCTEURS AGGREGE'S; *Messieurs,*

Guignace, rue du Poirier.

Triquoys, rue des hautes Goutiéres.

De Saint-Mesmin des Vaslins, rue des Hennequins.

Guyot, rue des Pastoureaux.

Perdoulx, rue du petit Ambert.

Caziot, vis-à-vis la Poste.

Moutié, rue de l'Empereur.

Lebou, rue vieille Monnoie.

Procureur-Syndic de l'Université.

Perche, *Avocat*, rue de la Charpenterie.

GREFFIER. Martin, *rue du Bourdon blanc.*

Bedeau Général. Dalet, *rue des trois Maries.*

✳✳✳✳✳✳✳✳✳✳✳✳✳✳✳✳✳✳✳✳✳✳✳✳✳✳✳

NOMS DES DOCTEURS EN MEDECINE
EXERÇANS A ORLEANS.

Messieurs,

A Rterié, *Doyen*, rue saint Eloi.
A Arnault, rue de Recouvrance.
Salerne, vis-à-vis les grands Carmes.
Loiré, rue du Colombier.
Polluche, rue de la Levrette.
Villac, *Medecin du Roi*, rue du Colombier.
Harduineau, rue des grands ciseaux.

Mrs. les Medecins du Collége de cette Ville donnent des Consultations gratuites aux Pauvres, tous les Mercredis & Samedis de chaque semaine, depuis neuf heures du matin jusqu'à midi, en leur Chambre Commune, *rue du Four à chau*.

Lieutenant du premier Chirurgien du Roi.
Delacroix, rue de la vieille poterie.

Chirurgiens commis aux Rapports.

Pierre Raby, au vieux Marché.
Guillaume Ruby, à la Croix-Morin.

La Communauté des Chirurgiens donnent des Consultations de Chirurgie gratuites aux Pauvres, & fait les Pansemens & Operations nécessaires, *tous les jours* après midi, à commencer depuis trois heures après midi, en leur Chambre, *rue du Pommier rouge*.

Il y a aussi une Chambre fondée par Mr. Masson de la Manerie, appellée *Apoticairerie*, où l'on distribuë gratuitement des Drogues pour les Pauvres, size rue de la Levrette : elle est ouverte *tous les jours* depuis dix heures du matin jusques-à midi.

Il y a outre cela deux autres Chambres appellées *Boutiques*, où des Dames charitables pansent *tous les jours* gratuitement les Pauvres.

L'une se tient dans le Cul-de-Sac de sainte Colombe, depuis dix heures du matin jusques-à midi.

Et l'autre au Cloître saint Etienne, depuis huit heures du matin jusques-à dix heures.

✱✱✱✱✱✱✱✱✱✱✱✱✱✱✱✱✱✱✱✱✱✱✱

BIBLIOTHEQUES PUBLIQUES.

IL y a dans Orléans trois Bibliothéques publiques, qui sont,

1. Celle des Benedictins donnée par M. *Prousteau*, en 1714. Elle est ouverte tous les Lundis, Mercredis & Vendredis matin, sçavoir, depuis la Saint Martin jusqu'au Dimanche des Rameaux, depuis huit heures du matin jusqu'à onze; & depuis une heure après midi jusqu'à quatre heures (mais depuis cinq à six ans elle ne s'ouvre en Carême qu'à deux heures après midi jusqu'à cinq:)& depuis la *Quasimodo* jusqu'à la Nôtre-Dame de Septembre, depuis huit heures du matin jusqu'à onze; & depuis deux heures après midi jusqu'à cinq, excepté les jours de Fêtes ordinaires, & celles qui sont de précepte dans leur Monastere.

Ces jours de Fêtes sont les 10 & 15 Janvier; 10 & 24 Février; 15 & 21 Mars; 1 Mai; 11, 22 & 25 Juillet; 24 Août; 13 Novembre; 4, 21 & 28 Decembre. *On trouve le Catalogue de cette Bibliotheque chez le* Sr. Rouzeau, rue sainte Catherine.

Les Conservateurs de cette Bibliothéque sont Mrs. le Lieutenant Général, le Procureur du Roi du Baillage, le Scholastique, le Prieur de Bonne-Nouvelle, & le Maire de Ville, qui y doivent faire tous les ans la Vifite le Samedi d'après la *Quafimodo*.

2. Celle de fainte Croix donnée en 1684. par M. *Des Mahis*, & depuis augmentée par les liberalités de quelques autres Perfonnes, & entr'autres des Livres de Mr. Demareau, *Doyen de ste Croix*, en l'année 1736. Elle eft ouverte tous les Mardis, depuis une heure après midi jufques à trois heures, depuis la faint Martin jufques au premier Avril ; & en Eté, depuis quatre heures jufqu'à fix heures après midi, depuis le 1 Avril jufqu'au 8 Septembre ; (excepté dans le tems des Vacances,) dans une Chambre du Cloître de fainte Croix, au deffus du Prétoire.

On a joint à cette Bibliotheque un Cabinet compofé de Medailles, quelques Curiofités antiques, & d'une Collection d'Eftampes, donnés en 1713 par M. *Morel*, qui font auffi à l'ufage du Public.

Les Confervateurs de cette Bibliothéque, font Mrs. du Chapitre de fainte Croix, & le Procureur du Roi du Baillage, qui tous les trois ans y doit faire la Vifite, & en dreffer procès verbal,

3. Celle des Allemands fondée par *Hubert Giphanius*, *Jurif-confulte*, en 1566, compofée principalement de Livres de Droit : elle eft feulement à l'ufage des Allemands qui étudient dans l'Univerfité de cette Ville. Le Catalogue de cette Bibliothéque a auffi été imprimé.

Ce font Mrs. de l'Univerfité qui en font les Dépofitaires.

AFFAIRES DU ROY
ET DE M. LE DUC D'ORLEANS.

Receveurs Généraux des Domaines & Bois de la Generalité d'Orleans.

Mr. Mahy de Cormeré, à Blois, *pour le Roi.*
Mr. Charpentier Fabus, *pour M. le Duc d'Orleans.*

Controleur General des Domaines & Bois de la Généralité d'Orleans.

Mr. Drouin de Vareil, *à Blois.*

Receveur Général des Domaines & Bois du Duché d'Orleans, & de la Paulette des Offices de l'Appanage

Mr. Fabus, rue de l'ancienne Intendance.

C'est das son Bureau que se fait le payement du Prêt & du Droit Annuel, autrement dit *Paulette* au profit de M. le Duc d'Orleans : les quittances doivent être controllées par Mr. Barbot, *rue des Carmelites.*

Controleurs Generaux des Domaines & Bois du Duché d'Orleans.

Mr. Odigier de la Couronnerie, *Controlleur ancien & Mi-triennal*, rue de la charpenterie.
N. *Controleur Alternatif & Mi-triennal.*

Controleur de la Paulette des Offices de l'Appanage.
Mr. Barbot, rue des Carmelites.

Fermier du petit Domaine du Duché d'Orleans.

Mr. Monginot, rue des Cures.

Receveur des Amendes prononcées en dernier reffort au Préfidial & en la Maréchauffée.

Mr. Bodin, près l'Oratoire.

Receveur des Amendes du Duché d'Orleans.

Mr. Lion, rue des hautes Goutiéres.

Receveurs Generaux des Finances de la Generalité d'Orleans.

Mr. Watelet, à Paris.
Mr. Dumas, à Paris.

Commis à la Recette Generale des Finances de la Generalité d'Orleans.

Mr. Phelippes, *pour Mr Dumas*, en exercice 1752.
Mr. Delage, *pour Mr. Watelet.*

Controleurs des Finances.

Mr. Dupleix, *controleur ancien*, rue de l'Oratoire.
Mr. Broffard, *controleur triennal pour l'alternatif.* rue des Minimes.

Directeur Général des Fermes du Roi pour les Ga-belles & Tabac au Département d'Orleans.

Mr. Quinquet, rue du Colombier.

Receveur General des Fermes-Unies au Départemens d'Orleans.

Mr. Phelippes, rue des Minimes.

Commis Général aux Defcentes & Fourniffemens de Sel au Departement d'Orleans.

Mr. Baillon, rue de la Levrette.

Receveur Général du Bureau du Tabac.

Mr. Clavereau Delad'houe, rue du Colombier.

Entreposeur du Tabac à Orleans.

Mr. Phelippes, rue des Minimes.

Directeur des Domaines, Controle des Actes de Notaires & Exploits, Insinuations Laïques, Centiéme Denier, Petit-Scel, Amortissemens, Nouveaux Acquêts, & Francs-Fiefs.

Mr. Dounant, proche la Croix rouge.

Controleur des Actes des Notaires & Exploits, Insinuations Laiques & Centiéme Denier, Receveur des Droits reservés, Petit-Scel, Amortissemens, Nouveaux Acquêts, & Francs-Fiefs.

Mr. Bodin, près l'Oratoire.

Receveur des Tailles, Capitation & Vingtiéme Denier de la Ville & Election d'Orleans.

Mr. Delage, proche la Croix rouge.

Directeur du Vingtiéme Denier pour la Ville & Election d'Orleans.

Mr. Morel, aux quatre Coins.

Directeur des Aides, de la Formule du Papier Timbré, & Soumissions des Eaux-de-vie de la Generalité d'Orleans.

Mr. Monginot, rue des Cures.

Le Bureau du Papier Timbré est chez lui.

Directeur des Aides de l'Election d'Orleans.

Mr. Monginot, rue des Cures.

Receveur des Aides de l'Election d'Orleans.

Mr. Boullay, rue des Cures.

Fermier des Octrois, Barrages & Deniers Patrimo-
niaux de l'Hôtel de Ville.

Mr. Monginot, rue des Cures.

Receveur defdits Octrois.

Mr. Boullay, rue des Cures.

Controleur des mêmes Octrois.

Mr. Polluche Lumina, rue des Hennequins.

Receveur General des Droits fur les Huiſles & Savons
de la Generalité d'Orleans.

Mr. Paurin, rue des Minimes.

Directeur des Droits fur les Cartes.
Mr. Polluche Lumina, rue des Hennequins.

Commiſſaire des Guerres au Département d'Orleans.
Mr. Beauregard de Belle-Iſle, à Verſailles.

Controleurs des Guerres au Département d'Orleans.
Mr. Levaſſor, rue des Cures.
Mr. Giraudon, devant ſaint Paterne.

Treſoriers Provinciaux des Troupes du Roi à Orleans.
Mr. Lambert, rue du Colombier.
Mr. Leclerc, rue des Minimes.

Treſorier provincial de la Maréchauſſée d'Orleans.
Mr. Delage, proche la Croix rouge.

Directeur des Poudres & Salpêtres.
Mr. Leclerc, rue des Minimes.

Fermier des Etapes de la Généralité.

Mr. Dounant, proche la Croix rouge.

Inspecteur des Ouvrages des Ponts & Chauffées pour le Bureau des Finances d'Orleans.

Mr. Salomon du Guéneuf, proche faint Sulpice.

Inspecteur des Ponts & Chauffées de la Généralité d'Orleans.

Mr. Roger, Place des quatre Coins.

Sous-Inspecteurs.

Mr. Renard, à l'Epervier.
Mr. De Bonniéres, rue vieille Poterie.

Treforier des Ponts & Chauffées de la Généralité.
Mr. Monginot, rue des Cures.

Employés à la construction du Pont.

Mr. Hupeau, *Inspecteur*, à Paris.
Mr. Soier, *Sous-Inspecteur*, fur la Motte du Pont.
Mr. Tardif, *Sous-Inspecteur*, fur le Pont.

Directeur des Postes aux Lettres.
Mde. David, vis-à-vis l'Hotel de Ville.

Directeur du Bureau des Caroffes & Meffageries.
Mr. Lambert, rue du Colombier.

Le Bureau des Loteries de faint Sulpice, des Communautés Religieufes & des Enfans trouvés eft chez Mde. David, proche l'Hotel de Ville.

Le Bureau des Salines pour Paris, & autres lieux, eft chez Mr. Benard, *Controleur defdits Droits*, rue de la Hallebarde.

✻✻✻✻✻✻✻✻✻✻✻✻ ✻✻✻✻✻✻✻✻✻✻✻✻

ROUTES D'ORLEANS

Aux principales Villes de la Généralité, & à quelques autres Villes du Royaume.

NOTA. *Que pour marquer les demies lieües on a mis seulement un (d.) Ainsi 2 l. d. signifient deux lieües & demie, & ainsi des autres.*

Route d'Orleans à BLOIS par Clery, 16 lieues.		à Pont-le-voi,	1 l. d.
D'Orleans à S. Mesmin,	1 l. d.	à Montrichard,	2 l.
		à Amboise,	4 l.
à Cleri,	2 l. d.	à Lussaut,	2 l.
aux 3 Cheminées,	2 l.	à Mont-Louis,	2 l.
à s Laurentdes eaux	2 l.	à Tours,	2 l.
à Nouan,	2 l.	*Autre Route de Blois à Tours,* 15 l. & d.	
à saint Dié,	2 l.	De Blois à Chousi	3 l.
à Blois,	4 l.	à Veuves,	3 l.
D'Orleans à Blois par Beaugency, 13 l.		à Pontchantier,	2 l.
D'Orleans à S. Ay	3 l.	à Amboise,	1 l. à
à Meun,	1 l.	à Lussaut,	2 l.
à Beaugenci,	2 l.	à Mont-Louis,	2 l.
à Mer,	3 l.	à Tours,	2 l.
à Suevre,	1 l.	*D'Orleans à ANGERS, 59 lieues.*	
à Menars,	1 l.	D'Orleans à Tours comme cy-dessus,	33 l.
à Blois,	2 l.	De Tours au Pont S. Cir,	1 l. d.
D'Orleans à TOURS 33 lieues.		à la Pile S. Marc,	4 l.
D'Orleans à Blois comme cy-dessus :	16 l.	à Planchouri,	2 l.
De Blois à Montils	1 l. d.	aux 3 Volets,	2 l.
à Sambin,	2 l.	à Chouzé,	3 l. d.

à Saumur,	4 l.	à la Haye,	5 l.
aux Rozlers,	4 l.	à Ingrande,	4 l.
à la Daguenière,	4 l.	à Châtellerault,	2 l.
à Angers,	4 l.	à la Tricherie,	4 l.

Autre Route de Tours
à Angers, 23 lieues.

De *Tours* à Fondéte	2 l.	à Clan,	2 l.
à saint George	4 l. d.	à Poitiers,	2 l.

D'Orleans à la Rochelle,
82 lieües.

à la Pelerine,	3 l. d.	*D'Orleans à Poitiers,*	
au Gué de Niau,	2 l. d.	comme cy-dessus,	52 l.
au Baugé,	2 l.	De *Poitiers* à Coulom-	
à Milon,	2 l. d.	bieres,	4 l.
à Cornes,	2 l.	à Lusignan,	2 l.
à Andart,	1 l.	à la Ville-Dieu,	3 l.
à Angers,	3 l.	à saint Maixent,	4 l.

D'Orleans à Nantes
76 lieues.

à la Ville-Dieu du
Pont de Vaux, 2 l.

D'Orleans à Angers :		à Niort,	3 l.
comme cy-dessus,	59 l.	à Fontenai l'abatu	2 l.
D'Angers à la Roche-		à Courson,	4 l.
Aubreuil,	2 l.	à Dampierre,	4 l.
à Chantocé,	4 l.	à la Rochelle,	2 l.
à Ancenis,	4 l.	*D'Orleans à* Bordeaux	
aux Mauves,	4 l.	98 lieues & demie.	
à Nantes,	3 l.	*D'Orleans à Poitiers,*	

D'Orleans à Poitiers,
52 lieues.

comme cy-dessus, 52 l.
De *Poitiers* à Ruffi-

D'Orleans à Blois,		gni,	2 l. d.
voyez cy-dessus,	16 l.	à Vivonne,	2 l.
De *Blois* à Montils	2 l.	à Côné,	4 l.
à Pont-le-voi,	4 l.	à Sauzai,	4 l.
à Montrichard,	2 l.	à Bannieres,	2 l.
à Liége,	2 l.	à Villesaignan,	1 l. d.
à Loches,	3 l.	à Aigre,	3 l.
à Varennes,	2 l.	à Gourville,	2 l.
à Cyran,	2 l.	à Vilarsmeranger	4 l.

à Chateauneuf, 2 l. _d._ | à Chateaudun, 5 l.

à Barbesieux, 4 l.

à la Grosle, 3 l.

à Montlieu, 4 l.

à Cavignac, 2 l. _d._

à Cubsac, 3 l.

à Carbonblanc, 1 l. _d._

à Bordeaux, 1 l. _d._

D'Orleans à VENDÔME,
12 lieues.

D'Orleans à HUISSEAU 3 l

à Poisli, 3 l.

à Marchenoir, 1 l. _d._

à Faie, 3 l.

à Rocé, _d._

à Vendôme, 1 l.

D'Orleans au MANS,
24 lieues.

_D'Orleans à Vendôme,
comme cy-dessus,_ 12 l.

De _Vendôme_ au Gué
du Loir, 1 l.

à Savigni, 2 l. _d._

à saint Calais, 1 l.

à Escorpain, 1 l.

à la Janverie, 1 l.

à la Laire, 1 l. _d._

à Vernelle, 1 l. _d._

à Changé, 1 l.

au Mans, 1 l. _d._

D'Orleans à Chateaudun
10 lieues.

D'Orleans aux Barres,
3 l.

à saint Peravi, 1 l.

à Tournoisi, 3 l.

à Chateaudun, 5 l.

D'Orleans à Nogent-le-
Rotrou, 22 _lieues._

_D'Orleans à Chateaudun
comme cy-dessus_ 10 l.

De _Chateaudun_ à Cha-
tillon, 3 l.

à saint Eloi, 3 l.

à Authon, 2 l.

à Nogent le rotrou 4 l.

D'Orleans à CHARTRES
Route de Rouen,
15 _lieues & demie._

D'Orleans aux Bordes,
4 l.

à la Maladrerie 3 l.

aux petites Bordes 1 l. _d._

à Voves, 2 l.

à Chartres, 5 l.

D'Orleans à ROUEN,
42 lieues.

_D'Orleans à Chartres,
comme cy-dessus,_ 15 l. _d._

De _Chartre_ au Peage 3 l.

à Dreux, 5 l.

à Iliers, 3 l.

à Evreux, 5 l.

à Louviers, 5 l.

au Pont de l'arche 2 l.

au Port S. Ouen 1 l. _d._

à Rouen, 2 l.

D'Orleans à YENVILLE,
9 lieues & demie.

D'Orleans à Sercottes,
3 l.

à Arthenai, 2 l.

à Dambron , 1 l.
à Santilli , 1 l.
à Yenville , 1 l. d.
D'Orleans à DOURDAN
  18 lieues.
D'Orleans à Yenville ,
  comme cy-deſſus 9 l. d.
D'Yenville à Merou-
    ville , 2 l. d.
à Authon , 4 l.
à Dourdan , 2 l.
D'Orleans à ETAMPES ,
  20 lieues.
D'Orleans à Sercottes
    3 l.
à Langennerie , 1 l.
à Arthenai , 2 l.
à Thouri , 4 l.
à Angerville , 4 l.
à Monerville , 2 l.
à Etampes , 4 l.
AUTRE ROUTE.
D'Orleans à Etampes ,
  par l'ancien chemin ,
    18 lieues.
D'Orleans à S. Lié 5 l.
à Acheres , 2 l.
à Bazoche les Gale-
    randes , 2 l.
à Autruie , 4 l.
à Saclas , 3 l.
à Etampes , 2 l.
D'Orleans à PARIS ,
  34 lieues.
D'Orleans à Etampes ,
  comme cy-deſſus , 20 l.

D'Etampe à Etrechi 2 l.
à Châtres , 4 l.
à Lonjumeau , 4 l.
au Bourg la Reine 2 l.
à Paris , 2 l.
D'Orleans à Pithiviers ,
    9 lieues.
D'Orleans à Louri 2 l.
à Chilleurs , 4 l.
à Pithiviers , 3 l.
D'Orleans à Fontaine-
    bleau , 20 lieues.
D'Orleans à Pithiviers ,
  comme cy-deſſus , 9. l.
De Pithiviers à Auger-
    ville la Rivière 4 l.
à la Chapelle-la-
    Reine , 4 l.
à Fontainebleau , 3 l.
D'Orleans à Montargis ,
    16 lieues.
D'Orleans à BIONNE 1 l. d.d
à Mardié , 1 l. d.d
s Denis de Jargeau 1 l.
à Chateauneuf , 2 l.
à S. Martin Dabat 1 l.
à Lorris , 4 l.
à Timori , 2 l.
à Montargis , 3 l.
D'Orleans à SENS ,
   28 lieues.
D'Orleans à Montargis ,
  comme ci-deſſus , 16 l.
De Montargis à Cour-
    tenai , 6 l.
à Sens , 6 l.

H ij

D'*Orleans* à TROYES,
40 *lieues.*
D'*Orleans* à Sens,
comme cy-dessus 28 l.
De Sens à Villeneuve
l'Archevêque, 5 l.
à saint Benoist sur
Vanne. 1 l. d.
à Villemort, 1 l.
à Fonvannes, 1 l. d.
à Troyes, 3 l.
D'*Orleans* à SULLI,
10 *lieues.*
D'Orleans à Mardié,
3 l.
à Jargeau, 1 l.
à Sulli, 6 l.
D'*Orleans* à GIEN,
15 *lieues.*
D'Orleans à Mardié,
3 l.
à Saint Denis de
Jargeau, 1 l.
à Chateauneuf, 2 l.
à Ouzouer, 6 l.
à Gien, 3 l.
D'*Orleans* à BRIARE,
17 *lieues.*
D'Orleans à Gien,
comme cy-dessus, 15 l.
De Gien à Briare, 2 l.
D'*Orleans* à CLAMECI,
29 lieües.
D'Orleans à Gien,
comme cy-dessus, 15 l.
De Gien à Briare, 2 l.

à saint Amand, 5 l.
à Estais, 4 l.
à Clameci, 3 l.
D'*Orleans* à NEVERS,
35 l. *& demie.*
D'Orleans à Gien,
comme cy-dessus, 15 l.
De Gien à Briare,
2 l.
à Neuvi, 3 l.
à Cône, 3 l.
à Pouilli, 4 l.
à la Charité, 3 l.
à Nevers, 5 l.
D'*Orleans* à MOULINS,
48 *lieues.*
D'Orleans à Nevers,
comme ci-dessus, 35 l. d.
De Nevers à Magni,
2 l.
à saint Pierre le Mou-
tier, 3 l. d.
à Chantenai, 2 l.
à Villeneuve, 2 l.
à Moulins, 3 l.
D'*Orleans* à Rouanne,
68 *lieues.*
D'Orleans à Moulins,
comme ci-dessus, 48 l.
De Moulins à Bessai,
4 l.
à Varennes, 4 l.
à la Palice, 4 l.
à la Pacaudiére, 4 l.
à l'Espinace, 2 l.
à Rouanne, 4 l.

D'*Orleans à* LYON,
81 l. & *demie.*
D'Orleans á Rouanne,
comme ci-dessus 68 l.
De Rouanne à S. Sim-
phorien, 4 l.
á Tarare, 4 l.
à la Bresse, 4 l.
à la Tour, 2 l.
á Lyon, 2 l.
D'*Orleans* á Clermont
en Auvergne, 66 lieuës.
D'Orleans à Moulins,
voyez ci-dessus, 48 l.
De Moulins á Bessai,
3 l.
á faint Pourſin, 3 l.
à Eſcole, 2 l.
â Gannat, 3 l.
á Aigueperſé, 2 l.
á Riom, 3 l.
á Clermont, 2 l.
D'*Orleans à* BOURGES,
21 *lieues* & *demie.*
D'Orleans à la Ferté-
Lowendal, 5 l.
á la Motte-beuvron,
3 l.
á Nouan le Fuzellier,
2 l.
á Salbris, 3 l.
à Nançai, 2 l. d.
â Aloigni, 3 l.
â Bourges, 3 l.

D'*Orleans à Romorentin*
15 *lieues.*
D'Orleans á Olivet,
1 l.
à la Ferté-Lowendal,
4 l.
á Chaumont, 3 l.
á la Ferté-Avrain, 3 l.
á Millançai, 3 l.
á Romorentin, 3 l.
D'*Orleans à Chateaurou*
30 *lieues.*
D'Orleans á Romo-
rentin,
comme cy-dessus, 15 l.
De Romorentin á faint
Julien ou Ville-fran-
che, 2 l.
à Vatan, 5 l.
á Levroux, 4 l.
á Chateauroux, 4 l.
D'*Orleans à* LIMOGES,
route de Touloufe,
55 *lieues.*
D'Orleans á Chateau-
roux, *comme ci-dessus,*
30 l.
De Chateauroux á
Loitiers, 3 l.
á Argenton, 3 l.
á S Benoît du Saut 4 l.
á Arnac, 4 l.
á Montrol, 3 l.
á Razers, 3 l.
á la Maiſon rouge 2 l.
á Limoges, 3 l.

D'*Orleans* à ISSOUDUN, 25 *lieues*.

D'Orleans à la Ferté-Lowendal, 5 l.

à Nouan le Fuzelier, 5 l.

á Salbris, 3 l.

á Vierzon, 6 l.

á Iſſoudun, 6 l.

D'*Orleans* à Chambort 12 *lieues*.

D'Orleans á Saint Meſmin, 1. l. d.

à Cleri, 2 l. d.

aux 3 Cheminées 2 l.

á ſaint Laurent des Eaux, 2 l.

á Nouan, 2 l.

á Chambort, 2 l.

ROUTES DE TRAVERSE

des principaux Endroits de la Generalité.

Route de *Blois* à Vendôme, 6 lieuës.

De Blois à la Chapelle Vendomoiſe, 2 l.

á Villeromain, 2 l.

á Vendôme, 2 l.

De *Blois* à Chateaudun 13 *lieues*.

De Blois à Pontijon 4 l.

á ſaint Mandé, 3 l.

á Ozouer le Doien 2 l. d.

á Chateaudun, 3 l. d.

De *Blois* à Chartres, 24 *lieues*.

De Blois à *Chateaudun comme ci-deſſus*, 13 l.

De Chateaudun á Marboué, 1 l.

á Bonneval, 2 l.

au Bois de Fougere 2 l.

á Tiras, 4 l.

á Chartres, 2 l.

De *Vendôme* à Chartres 21 *lieues*.

De Vendôme á la Ville aux Clercs, 3 l.

á Cloie, 4 l.

á Chateaudun, 3 l.

De Chateaudun à Chartres, *comme ci-deſſus*, 11 l.

De *Vendôme* à S Calais, 4 *lieues & demie*.

De Vendôme au Gué du Loir, 1 l.

á Savigni, 2 l. d.

á ſaint Calais, 2 l.

De *Chartres* à Chateaudun, 11 lieuës. *Voyez cy-deſſus.*

De Gien à Clameci par Autrain, 14 lieuës.

De Gien à Briare 2 l.

à saint Amand, 5 l.

à Estais, 4 l.

à Clameci, 3 l.

De Montargis à Briare, 9 lieues & demie.

De Montargis à la Commodité, 2 l.

à Noyent, 2 l.

à la Bussiere, 2 l. d.

à Briare, 3 l.

De Sulli à Aubigni, 8 l. & demie.

De Sulli à Maltaverne, 3 l. d.

à Argent, 3 l.

à Aubigni, 2 l.

De Sulli à Sancerre, 13 lieues.

De Sulli à Coulon, 4 l.

à Concressaut, 3 l. d.

à Sancerre, 5 l. d.

De Romorentin à Bourge 16 lieues.

De Romorentin à Châtres, 4 l.

à Vierzon, 4 l.

à Baranjon, 2 l.

à Meung, 2 l.

à Bourges, 4 l.

DEPART DES CAROSSES ET MESSAGERIES.

LE Carosse pour *Paris*, *Etampes & Route*, part tous les jours en Eté à 11 heures du soir précises, & va en deux jours à Paris, & révient de même ; & depuis la Toussaints jusqu'au commencement de Mars à dix heures du matin : il va en deux jours & demi, & révient de même ; excepté le Jeudi qu'il part toute l'année de Paris à six heures du matin, avec le Carosse de Blois, & vient en deux jours. Ces Carosses arrivent à Orleans & à Paris tous les jours ; & quelquefois il en part plusieurs d'Orleans & de Paris.

On paye 15 livr. par Place, & 15 deniers par livre du port des hardes, mais on a six livres franches.

Le Carosse de *Blois*, *Chambort & Route*, part d'ici tous les Samedis matin, & arrive à Orleans le Mardi matin.

Le Carosse de *Tours* & *Amboise*, part d'ici le Vendredi matin, & arrive à Orleans le Jeudi au soir.

Le Carosse de *Bourges* & *Route*, part d'ici le Jeudi matin, & arrive à Orleans le Mercredi au soir.

Le Carosse de *Bordeaux*, part d'ici le Jeudi à midi; & arrive à Orleans le Mercredi en Eté, & quelquefois deux jours plû-tard en Hyver. Il sert pour toute la *Guyenne*, *le Pays d'Aunis*, *la Saintonge*, *l'Angoumois*, *la basse Navarre*, *& le Bearn*. Il arrive à Bordeaux le treiziéme jour.

Le Carosse de *la Rochelle*, *Potiers*, *& Route*, part d'ici le Mercredi à midi, & arrive à Orleans tous les Mardis en Eté; & quelquefois les Mercredis & Jeudis en Hyver. Il sert pour le *Poitou*, *la Touraine*, *la Saintonge*, *& le Pais d'Aunis*. Il arrive à Poitiers le septiéme jour.

Tous ces Carosses, à la réserve de celui de Paris, ne partent point d'ici directement; mais on peut les prendre en passant, lors qu'il y a des Places vacantes.

On peut aussi aller prendre à Briare le Carosse de *Lion*, qui y passe en Hiver deux fois la semaine; & celui de *Clermont*, *Moulins*, *& Route*, qui y passe regulierement toutes les semaines le Vendredi ou Samedi, *tant en Hiver qu'en Eté*: d'ici à Briare, on peut prendre le Messager de Gien.

MESSAGERIES.

*M*Ontargis, *Lorris*, *& Route*, arrive à Orleans les Mardis, & part les Mercredis. *Il loge* aux Sauvages, *rue Bourgogne.* Il arrive le troisiéme jour.

Pithiviers & Route, arrive à Orleans le Lundi,

& part le Mardi. *Il loge* aux Sauvages, *rue Bourgogne.*

Boiscommun arrive à Orleans le Vendredi, & répart le Samedi. *Il loge* aux Sauvages, *rue Bourgogne.*

Gien, Sulli, & Route, arrive à Orleans les Lundi & Jeudi, & part les Mardi & Vendredi. *Il loge* à la Naffe, *Fauxbourg Bourgogne.*

Chateauneuf & Route, arrive regulierement tous les Lundi, Mercredi & Vendredi, & part d'ici les Mardi, Jeudi & Samedi. *Il loge* à la Naffe, *Fauxbourg Bourgogne.*

Jargeau arrive les Lundi, Jeudi & Samedi, & répart de même. Quelquefois il arrive tous les jours, comme dans le tems de la Vendange. *Il loge* aux Cois, *rue Bourgogne.*

Aubigni. Les Charrettes d'Aubigni arrivent ordinairement le Mardi, & partent d'ici le Mercredi. *Les Voituriers logent* au Cheval rouge, *Portereau des Capucins.*

Iffoudun, Vierzon, Salbris & Chateauroux. Le Meffager de ces lieux part d'ici tous les Dimanches matin, & arrive à Orleans tous les Dimanches au foir. Il va en quatre jours à Chateauroux. *Il loge* au Bureau des Caroffes.

Romorentin & Route. Le Meffager arrive ici tous les Samedis, & quelquefois le Vendredi en Eté : il répart le Dimanche matin, & quelquefois le Samedi après midi. *Il loge* au Heaume, *Fauxbourg faint Marceau.*

Beaugenci & Meung, arrive deux & trois fois la femaine, & repart de même. *Il loge* à faint Louis, *proche l'Hopital,* & au Renard, *proche la Croix Morin.*

On peut prendre auffi le Bateau pour ces deux endroits : il en vient toutes les femaines regulierement un de Beaugenci, & un de Meun, qui arrivent ici les Mardis & Vendredis au foir, &

ľepartent les Mercredis & Samedis après diné.

Mer. Arrive à Orleans tous les Mardis ou Mercredis, & repart le lendemain. *Il loge à S. François, rue porte Madeleine.*

Le Meſſager *du Mans* arrive ici toutes les ſemaines : *il loge au Lion fort, prés la porte S. Jean.*

NOTA. Les Meſſageries de *Chartres*, *Vendôme*, *Iſſoudun*, & *Romorentin*, dépendent du Bureau des Caroſſes.

Les autres, comme celles de *Montargis*, *Pithiviers*, &c. dépendent du Bureau de la Poſte aux Lettres.

Chateaudun arrive ordinairement ici le Jeudi, & quelquefois le Vendredi ; & repart le lendemain. *Il loge au Renard, proche la Croix Merin.*

Vendôme & Route. Le Meſſager arrive ici tous les Lundis, & quelquefois le Dimanche : il repart le lendemain. *Il loge à ſaint Louis, près l'Hopital.*

Chartres. Le Meſſager arrive toutes les ſemaines le Lundi, & quelquefois le Mardi : il repart le lendemain. *Il loge à S. Michel, Fauxbourg bannier, & aux trois Maures, place du Martroi.*

Le Meſſager pour *Alençon*, *Seez*, *Argentan*, & *Caën*, loge à l'Image S. Louis, *rue porte Madeleine.* Il arrive à Orleans tous les Vendredis, & répart le Samedi.

Meſſageries de Poitiers, la Rochelle & Angoulême

Le Meſſager de *Poitiers* arrive ici de Paris tous les Lundis au ſoir de chaque ſemaine, & repaſſe ordinairement le Samedi. On peut le prendre ici en paſſant : il ſert pour la *Touraine*, le *Poitou*, la *Saintonge*, le *Pais d'Aunis*, l'*Angoumois*, & le *Perigord*.

Messagerie de Toulouse.

Le Messager de *Toulouse*, arrive ici de Paris tous les Vendredis ; & repasse ordinairement le Lundi ; mais en Hiver cela n'est pas reglé, on peut le prendre ici en passant. Il sert pour toute la Route de *Toulouse*, le *Limousin*, le *Quercy*, le *Roüergue*, le *Périgord*, l'*Armagnac*, l'*Auvergne*, *la Marche*, le *Comté de Foix*, & le *Languedoc*.

AUTRES COMMODITEZ.

On peut aller par Eau à *Blois*, *Tours*, *Saumur*, *Angers* & *Nantes*, & l'on trouve tous les jours aisément des Cabannes pour faire cette Route.

On trouve aussi des Chaises à Orleans pour toutes les Routes de Traverse, & même pour les grandes Routes ordinaires, en prenant une permission du Bureau des Carosses, ou en payant à ce Bureau les Droits qui sont dûs pour cela.

ETAT ET JOURS DU DEPART,
& Arrivée des Couriers en la Ville d'Orleans, pour les Endroits cy-après nommés.

PARIS. *Départ des Postes.*

LE Départ pour Paris, & ce qui passe au de-là, comme la Normandie, la Champagne, la Picardie, l'Artois, la Flandre tant Françoise qu'Imperiale, le Pais Messin, la Loraine, l'Alsace, la Franche-Comté, & les Cantons-Suisses, tous les jours à midi par Paris.

Arrivée. Tous les susdits endroits arrivent aussi tous les jours par Paris, à neuf heures du matin en Eté ; & à dix heures en Hiver.

Départ des Routes de LION.

Lion, la Provence, le Dauphiné, Geneve, Avignon, & la Route de Lion, comme Aubigni, Gien, Briare, Montargis, Nemours, la Charité, Bourges, & le Berri des environs, Cône, Nevers, Moulins, Vichi, Roüane & l'Auvergne, partent trois fois la femaine ; fçavoir, les Lundi, Mercredi, & Vendredi à midi par Paris.

Affranchissemens pour l'Italie & la Savoye.

Nota. Il faut affranchir les Lettres pour la Savoyè & le Piémont jufqu'au Port de Beauvoifin, *treize fols la fimple* : (Nice *rien*.) Les Lettres pour le Milanois, Venife, Mantoüe, & toute l'Italie, vont par ladite Route de Lion, lefquelles il faut affranchir jufqu'à Turin ; *quinze fols la fimple* ; & jufqu'à Genes *feize fols*. On n'affranchit point pour Rome feulement. Pour Naples, on affranchit jufqu'à Rome, *feize fols la fimple*. Nota, qu'il ne faut point affranchir pour Genes ni Port-Maurice.

LANGUEDOC, &c.

Le Languedoc, Perpignan, le refte du Rouffillon & la Catalogne, vont auffi par Lion. Nota, qu'il faut affranchir pour la Catalogne jufqu'à Perpignan, *quatorze fols la fimple*.

Arrivée. Toutes les fufdites Lettres reviennent par Paris trois fois la femaine ; fçavoir, les Lundi, Mercredi & Samedi.

ALLEMAGNE, *qui doit le port.*

Les Lettres pour le Palatinat, Mayence, Francfort, la Baviere, la Souabe, la Franconie, l'Autriche, la Bohême, la Hongrie, & la Tranfilvanie, vont & reviennent par Paris. Elles doivent l'affranchiſſement juſqu'à Rhinauſen, Frontiere d'Alſace ; à raiſon de *ſeize ſols la ſimple.*

BOURGOGNE.

Dijon & touté la Bourgogne, compris Clameci, s'envoient par Paris; ſçavoir, le Dimanche, Mardi & Jeudi, & reviennent auſſi les mêmes jours par Paris. Il va & révient auſſi des Lettres pour Lion par cette Route.

Route de BORDEAUX.

Bordeaux, la Guienne, le Bearn, Bayonne, Saint Sebaſtien, Blaye, le Perigord, l'Angoumois, la Saintonge, la Rochelle, Rochefort, le Pais d'Aunis, Poitiers, & tout le bas Poitou, Chatel-lerault, Loches, & Montrichard, partent deux fois la ſemaine; ſçavoir, les Mardi & Samedi à neuf heures du ſoir, & reviennent les Mardi & Vendredi *en Eté* à dix heures du matin, & à cinq ou ſix heures du ſoir *en Hiver*. Madrid, & toute l'Eſpagne, va par cette route une fois la ſemaine, qui eſt le Mardi au ſoir. Montauban va auſſi ce même jour par Bordeaux.

Route d'Orleans à TOURS.

Cleri, Meun, Lailli, Beaugenci, S. Laurent des Eaux, S. Dié, Chambord, Blois, & le Pais Bleſois, Amboiſe, Tours, & la Touraine, partent tous les jours en droiture à ſept heures du matin, & reviennent tous les jours à huit ou neuf heures du matin.

Saumur, Chinon & Loudun.

Les Lettres pour Saumur partent trois fois la ſe-maine; ſçavoir, les Lundi, Mercredi & Vendredi matin, & arrivent les Lundi & Vendredi matin.

La Chapelle-blanche, Langeais, les Trois-Volets, Bourgeuil & Richelieu, partent trois fois la se-maine ; sçavoir, les Dimanche, Mardi & Jeudi.

Chinon & Loudun partent deux fois la semaine ; sçavoir, les Lundis & Vendredis à sept heures du matin.

Route d'ANGERS ; *Bretagne & le Maine.*

Angers, Ingrande, Ancenis & Nantes, partent en droiture deux fois la semaine ; sçavoir, les Lundi & Vendredi à sept heures du matin ; & trois fois par Paris à midi ; sçavoir, les Dimanche, Mardi & Vendredi, ainsi que Laval, Chateaugontier & la Bretagne ; & reviennent les Lundi & Vendredi à huit ou neuf heures du matin, & Nantes le Mer-credi par Paris.

Route de TOULOUSE.

Romorentin, Vatan, Chateauroux, Argenton, Limoges, & le Limosin, Montauban & Toulouse, partent en droiture tous les Dimanches à neuf heures du soir ; & Romorentin, par extraordinaire, le Jeudi à midi ; & reviennent tous les Dimanches au soir, ou le Lundi matin : l'extraordinaire de Ro-morentin revient les Mercredis au soir, ou les Jeudis matin.

LE PAIS CHARTRAIN.

Chartres, & le Païs Chartrain part tous les jours par Paris, & revient de même.

LE VENDOMOIS.

Chateaudun & Vendôme partent trois fois la se-maine par Paris, sçavoir, les Lundis, Mercredis &

Samedis ; & reviennent par Paris. Les Lettres pour
Vendôme s'envoyent aussi par Blois tous les matins.

SAINT-AGNAN.

Saint-Agnan part les Dimanche & Mercredi , à
sept heures du matin , & revient les Mercredi &
Samedi matin.

ARTHENAI, &c.

Pour Arthenai , Touri , Yenville , Angerville &
Etampes , tous les jours à midi , & reviennent tous
les matins.

PITHIVIERS, &c.

Pour Pithiviers , Boiscommun , Bellegarde , Boine
& Yevre-le-Châtel, trois fois la semaine ; les Mardi,
Jeudi & Samedi à midi ; & reviennent les Lundi ,
Jeudi & Samedi à neuf heures du matin.

DOURDAN, &c.

Pour Dourdan & Ablis , les envois s'en font
quatre fois la semaine ; sçavoir , les Lundi , Mercredi,
Vendredi & Samedi à midi , & reviennent par
Etampes.

ANGLETERRE, &c.

Les Lettres pour l'Angleterre , l'Ecosse & l'Ir-
lande , partent les Mardi & Vendredi , dont il faut
payer le port jusqu'à Paris, *quatre sols la simple ;*
faute de quoi on ne leur donne point passage.

HOLLANDE.

Les Lettres pour la Hollande partent le Dimanche
& le Jeudi par Paris , & ne doivent aucun affran-
chissement , & arrivent le Mardi & le Jeudi.

CEux & celles qui veulent affranchir les Ports de Lettres, doivent avoir soin de les apporter au Bureau, pour quelque endroit que ce soit, depuis sept heures du matin jusqu'à deux heures après midi.

On paiera le port des Lettres & Paquets qu'on adressera aux Procureurs à Paris, parce qu'ils ne les veulent point recevoir sans être affranchis, & qu'ils restent perdûs pour les Parties.

On écrira bien le dessus des Lettres & Paquets; parce qu'il s'en trouve souvent pour des lieux hors la Route des Postes, qui ne sont pas connus; ce qui est cause que ces Paquets se perdent: Et pour y remedier, ceux qui écriront, soit dans les Bourgs, Villages, ou Châteaux, observeront de mettre sur leurs Lettres le nom de l'endroit où il y aura un Bureau le plus proche, attendu que faute de bonnes adresses, il y a quantité de Lettres qui se trouvent perduës. Et pour les Lettres des Officiers de guerre, & tous ceux qui sont dans les Troupes, on marquera le Regiment, le Bataillon, & la Compagnie.

Lorsque les Couriers sont arrivés, l'expedition se fait pour la distribution des Lettres; & le Courier de Paris parti, le Bureau est fermé jusqu'au lendemain matin; le restant de la journée est pour vacquer aux affaires du dehors, & autres; à l'exception seulement des jours d'arrivée des Couriers de Bordeaux.

Ceux qui ont de l'Argent à recevoir à la Poste, le retireront tous les jours depuis sept heures du matin jusqu'à deux heures après midi.

NOTA, qu'il ne faut jamais mettre ni Or, ni Argent dans les Lettres: cela les fait perdre. Il faut le donner au Directeur de la Poste, qui en charge son Registre.

DES MESURES

Qui font en ufage dans l'ORLEANNOIS.

De la Livre, Aune, Toife, & Lieuë.

LA *Livre* d'Orleans eft la même que celle de Paris, & vaut 16 onces poids de Marc ; l'once 8 gros ; le gros 3 deniers ou 72 grains.

La *Livre de Soie* eft de 16 onces à Orleans, & de 15 onces à Lion.

La *Livre de Medecine* eft de 16 onces, depuis un dernier Reglement de la Faculté de Medecine de Paris, fait en 1731. Autrefois elle n'étoit que de 12 onces.

L'*Aune* mefurée fur l'Etalon, qui eft ici en l'Hotel de Mr. le Lieutenant Général de Police, & fur le Modele dépofé chez le Juré Etalonneur, eft de 3 pieds 7 pouces 10 lignes : ce qui eft la même longueur, à très-peu de chofe près, que celle du Bureau des Drapiers de Paris, qui eft de 3 pieds 7 pouces 9 lignes trois cinquiémes ; celle qui eft au Bureau des Merciers de la même Ville, eft un peu plus grande, & a de longueur 3 pieds 7 pouces 10 lignes quatre cinquiémes, fuivant un Memoire de *Mr. Picard*, imprimé dans les Memoires de l'Academie des Sciences de Paris.

Par un Reglement de Police du 9 Juillet 1746. l'*Aune* de Paris a été fixée à 3 pieds 7 pouces 10 lignes cinq fixiémes. L'une & l'autre devroit être de 3 pieds 7 pouces 8 lignes, fuivant une ancienne Ordonnance de François I, du mois d'Avril 1540.

I

La *Toise* est aussi la même à Orleans qu'à Paris, & vaut 6 Pieds *de Roi* ; le pied 12 pouces, & le pouce 12 lignes, aussi Mesure *de Roi*. Les Etalons de ces deux Mesures se voïent ici en l'Hôtel de Mr. le Lieutenant Général de Police, & ne different point de ceux qui sont à Paris dans la Cour du grand Châtelet

Avant la derniere Reformation de la Coutume faite en 1583, on se servoit ici de trois especes de Toises differentes. 1. Celle des Terres & Vignes qui étoit de cinq pieds. 2. Celle des Charpentiers, qui étoit de cinq pieds & demi. 3. Celle des Maçons, qui étoit de six pieds. *Voyez l'Article* 213. *de l'ancienne Coutume.* Aujourd'hui on ne se sert que de la Toise de 6 pieds ; & c'est la seule qui doit être emploïée dans toute sorte de Toisage, *suivant l'Article* 254 *de la nouvelle Coutume.*

La *Lieuë de Beauce* & *de Gâtinois*, & celle des *Grandes Routes* aux environs d'Orleans est de 1700 toises, ou d'environ 35 lieues au Degré : mais dans les Routes de Traverse, comme du côté de Chartres, Chateaudun, &c. elle est plus longue.

La *Lieuë de Sologne* est de 2000 toises, ou d'environ 28 au Degré.

****

Des Mesures pour l'Arpentage des Terres.

LA Mesure la plus en usage pour l'Arpentage des Terres, & dont on se sert communement pour les Vignes, est l'Arpent, qui est de 100 Perches quarrées.

La Perche qui est en usage dans le Baillage d'Orleans, & dans presque toute l'étenduë du Duché, a 20 pieds de longueur : à Beaugenci neantmoins, & dans quelques autres endroits, on se sert de la

Perche de 22 pieds, ce qui rend l'Arpent plus grand d'un cinquiéme ; ensorte que quatre de ces Arpens en valent cinq de la Mesure d'Orleans.

Cette Mesure de 22 pieds pour la Perche est celle qui doit être emploïée pour l'Arpentage des Bois dans toute l'étenduë du Roïaume, suivant l'Ordonnance des Eaux & Forêts, au Titre *de la Police & Conservation des Forêts*, Art. 14.

Puisque la Perche d'Orleans a 20 pieds de longueur, il est évident que la Perche quarrée doit contenir 400 pieds quarrés, qui sont le produit de 20 par 20. Par la même raison le pied quarré contient 144 pouces.

Il faut bien prendre garde de confondre les Mesures *de longueur* avec les Mesure de *surface* ; c'est une erreur dans laquelle tombent à tous momens ceux qui n'ont aucune teinture de Geometrie. Cette distinction est si essentielle qu'il est arrivé quelquefois que des Personnes se sont imaginé qu'une Piéce de Terre pour valoir un Arpent devoit avoir 100 Perches de longueur, au lieu qu'il est constant que cela n'a presque jamais lieu ; & qu'au contraire lorsqu'une Piéce est quarrée, il suffit que chacun de ses côtés ait 10 Perches de longueur pour valoir un Arpent ou 100 Perches quarrées, par ce que le produit de 10 par 10 est 100.

Cette difference des longueurs aux surfaces fait que l'Arpent des endroits où l'on se sert de la Perche de 22 pieds, comme à Beaugenci, est plus grand d'un cinquiéme que celui d'Orleans, où la Perche est seulement de 20 pieds ; quoique la Perche de ces lieux ne soit plus grande que d'un dixiéme, parce le produit de 22 pieds par 22 pieds donne 484 pieds pour la Perche quarrée ; au lieu que 20 par 20, ne donnent que 400 : ce qui fait une diminution d'un cinquiéme, & un peu plus, & rend par conséquent l'Arpent plus petit de cette quantité.

TABLE DE LA LONGUEUR DES PERCHES

DE DIFFERENS ENDROITS DE L'ORLEANNOIS,

& des Environs, par ordre alphabetique.

AUBIGNI,	22. pieds.
AUNAI-ROCHEPLATTE, }	22. pieds, & aux environs 20 pieds.
AUTHON, *Election de Dourdan*,	22. pieds.
BEAUGENCI,	22.
BEAULIEU, *près Châtillon sur loire*	22.
BERRI,	24.
BLOIS,	24.
BOISCOMMUN,	22.
CHARTRES, & Païs Chartrain }	20. p. & le pied de 13 pouces.
CHATILLON fur Loire,	22.
COSNE,	22.
DUNOIS,	20.
ETAMPES,	22.
FRETEVAL,	22. pieds la corde
GIEN,	22.
GRAND-PERCHE, & dans tout le Perche en général. }	24. piés & le pied de 13. pouces.
JARGEAU,	20.
JLIERS,	comme Chartres.

LORRIS,　　　　　　22.

MARCHENOIR,　　22. *pieds la corde.*

MEUN,　　　　　　20.

MONTARGIS,　　20. *pieds la corde.*

NEVERS,　　　　　12.

ORLEANS,　　　　20.

PARIS,　　　　　　18.

PITHIVIERS,　　22.

PITHIVIERS LE VIEIL,　22.

SANCERRE, & tout le Comté, 20.

SAINVILLE ET LE PLESSIS, 22.

SERMAISE,　　　22.

SUEVRE,　　　　24.

VIEUXVY AU PERCHE,　*comme à Chartres.*

YEVRE LA VILLE, 32.

✳✳✳✳✳✳✳✳✳✳✳✳✳✳✳✳✳✳✳✳✳✳✳

Des Mesures pour les Terres en Bled, Avoine, & autres Grains.

LA Mesure qui est en usage pour les Terres à Bled, Avoine, Orge, & autres Grains, est différente de celle dont on se sert pour les Vignes. On mesure ordinairement ces sortes de Terres au *Muid,* au *Setier,* à la *Mine,* & au *Boisseau ;* & l'on suit en cela la même division que celle qui est en usage pour les Mesures de Grains dans les lieux où ces Terres sont situées. Cette maniére de mesurer les Terres est venuë originairement de la quantité qu'on a remarqué qu'il falloit de Bled pour les ensemencer ; ainfi on a appellé d'abord *une Mine de Terre* l'étenduë de Terrain qu'une Mine de Bled pouvoit enfemencer : mais comme on a remarqué enfuite que toutes les Terres n'étant pas égales en bonté , il faloit beaucoup plus de femence aux unes qu'aux autres , & qu'il étoit par confequent très-incertain de fe fervir de la méthode précedente ; on a cherché une voïe plus fure pour corriger cet inconvenient , & l'on a eû recours à une Mefure qui fut conftante, fans cependant abandonner tout-à-fait l'ancienne maniére de mefurer.

C'eft ce qu'on a fait premierement en donnant en Beauce le nom de *Mine de Terre* à une étenduë de 100 toifes de longueur fur 10 de largeur ; ce qui faifoit 1000 toifes quarrées, lefquelles réduites en Perches quarrées, à raifon de 16 toifes pour chaque Perche quarrée, (fuivant la maniére de mefurer qui étoit en ufage dans ce tems-là, où la toife pour la Mefure des Terres étoit de 5 pieds ,) donnoient un produit de 62 Perches & demie , ou cinq huitiémes d'Arpent : mais dans la fuite pour une plus grande facilité de calcul , & pour faire plus aifément la réduction des Mines aux Arpens , on a augmenté la valeur de la Mine jufqu'à 66 Perches 2 tiers ; ce qui fait précifément les deux tiers d'un Arpent. Cette maniére de mefurer a paru tellement commode, que c'eft celle que l'on fuit à prefent dans prefque toute la Beauce, & dans la plus grande partie de la Sologne, où l'on appelle *une Mine de Terre* ce qui fait précifément les deux Tiers d'un Arpent. Suivant ce calcul on a dreffé la Table fuivante.

MESURE DES TERRES EN BEAUCE.

Le grand Muid de Terre de Beauce , qui eft de 12 Setiers, ou de 24 Mines , vaut,   16 *Arpens.*

Le demi Muid,   .   8

Les trois Mines, ... 2 *Arpens.*

Le Setier, *un Arpent & un Tiers ou quatre Terciers.*

La Mine, *les deux Tiers d'un Arpent, ou deux Terciers,* ou 66 *Perches deux Tiers.*

Le Minot, *un Tiers d'Arpent,* ou *Tercier,* ou 33. *Perches un Tiers.*

Le Boisseau, *un Sixiéme d'Arpent,* ou *demi Tercier,* ou 16 *Perches deux Tiers.*

Le demi Boisseau, *un Douziéme,* ou *huit Perches un Tiers.*

❖❖❖❖❖❖❖❖❖❖❖❖❖❖❖❖❖❖❖❖❖❖❖❖

Mesures des Terres à Grains aux environs d'Orleans

COmme le Muid de Grains, qui est en usage à Orleans & aux environs, ne vaut qu'environ le Tiers du grand Muid de Beauce, il en est de même à proportion de cette Mesure. Ainsi le Muid, ou les 12 Mines de Terres des environs d'Orleans, & des endroits où l'on se sert de la Mine de cette Ville, ne vaut que le Tiers de 16 Arpens, qui font la valeur du grand Muid de Beauce; ce qui donne 5 Arpens un tiers : & comme le Muid de Grains, dont on se sert ici, est un peu moindre que le tiers du grand Muid de Beauce, on prend ordinairement 5 Arpens un quart pour la valeur du Muid de Terre Orleannois. Ainsi suivant ce Compte,

Le Muid Orleannois vaut   5 *Arpens & un quart.*

Le demi Muid,   2 *Arpens & cinq huitiémes.*

La Mine, . .   43 *Perches 3 quarts.*

Le Boisseau, . .   11 *Perches un peu moins.*

Par la même raison en réduisant l'Arpent en *Mines* & en *Boisseaux*, l'Arpent vaudra 2 Mines & un Boisseau à la Mesure Orleannoise, & environ une Perche & demie de plus ; & le demi Arpent vaudra une Mine & un demi Boisseau.

✳✳✳✳✳✳✳✳✳✳✳✳✳✳✳✳✳✳✳✳✳

Des Mesures des Terres du côté de Sologne.

CE qu'on appelle *Mesure* en Sologne, est la même chose que le grand Muid de Beauce. Elle contient 12 *Setrées* ; chaque Setrée 2 *Mines* ou *Minées* ; & la Mine 6 *Boisseaux* ou *Boisselées* : ainsi suivant ce Compte,

La *Mesure* de Sologne, vaut . : 16 *Arpens.*

La *demie Mesure*, . . 8

La *Setrée*, un *Arpent un & Tiers* ou 4 *Terciers.*

La *Mine* ou *Minée*, deux *Tiers d'Arpent*, ou deux *Terciers*, ou 66 *Perches deux Tiers*.

Le *Boisseau* ou *Boisselée*, la *Sixième Partie d'une Mine*, ou *un Neuviéme* d'Arpent, ou 11 *Perches un neuviéme*.

✳✳✳✳✳✳✳✳✳✳✳✳✳✳✳✳✳✳✳✳✳

Mesures des Terres à Grains de divers Endroits de l'ORLEANNOIS, & des environs.

LA Minée de Terre, *Mesure de Jargeau*, & des environs, est de 125 Perches,

A *Sulli*. On mesure les Terres au *Setier*, qui est de huit *Quartes*, quoique le Setier de Bled n'y soit que de six *Quartes*.

À *Gien*. On y mesure aussi les Terres au *Setier*, qui se divise en huit *Quartes*; & les Vignes à *la Journée*, dont les huit font l'Arpent.

A *Châtillon sur Loire*. Les Terres se mesurent *au Setier*, comme à Gien. Le Setier y est de 8 Boisseaux : l'Arpent y est de 7 Boisselées ; & la Minée de 8 Boisselées.

Dans *le Berri*. La *Setrée* est de 12 Boisselées, & l'Arpent de 8 Boisselées, ou de 100 Perches.

Dans *le Nivernois*. Suivant la Coutume de cette Province, *l'Arpent* est de quatre Quartiers : le Quartier est de 10 toises, & la toise de 6 pieds; ainsi chaque Quartier contient 40 toises en circuit, qui valent 100 toises quarrées, & par conséquent l'Arpent y est de 400 toises quarrées.

A *Montargis*. L'Arpent y est de 100 Cordes, & la Corde de 20 pieds; & elle est ainsi reglée par la Coutume.

Du côté d'*Authon*, *Sainville*, & *le Plessis*, il y a 80 Perches au *Setier*, & 40 Perches à *la Mine*.

A *Voves*, *Boisville*, *Villeneuve-Saint-Nicolas*, *Recrainville*, & *Beauvilliers*, le Setier est aussi de 80 Perches.

A *Villeau*, *Villars*, *Legant*, *Neuvi en Dunois*, & *Sancheville*, le Setier y est de 100 Perches.

Dans *le Dunois*, l'Arpent est la même chose que le Setier, qui est reglé à 100 Perches par la Coutume

A *Chartres*, & aux environs, on mesure les Terres au *Setier*, qui est de 80 Perches. L'Arpent y vaut 100 Perches.

Suivant la Coutume du Grand-Perche, le *Setier* en *la Châtellenie de Mortagne*, vaut 2 Arpens pour les Bleds, & 3 Arpens pour l'Avoine.

'A *Bellefme*, *Nogent-le-Rotrou*, & autres lieux fujets aufdites Coutumes, le *Setier* de tous les Grains en terre vaut un Arpent; lequel Arpent dans tout le Perche eft de 100 Perches; la Perche 24 pieds, & le pied de 13 pouces.

****

MESURE DES PRÉS.

LES Prés fe mefurent ordinairement par *Arpent*, ou *Journées*.

La *Journée* de Pré aux environs d'Orleans, eft reputée être de la valeur d'un demi Arpent.

On l'évaluë de même du côté de Sancerre.

****

DES MESURES
de la Pinte, de la Velte & du Poinçon.

LA Pinte dont on fe fert aujourd'hui à Orleans, contient 2 Chopines, & la Chopine 2 Setiers ou 4 demi Setiers. Cette Pinte eft plus grande d'un *Sixiéme* que celle de Paris, en forte que 6 Pintes d'Orleans en font 7 de Paris précifement.

Pour connoître éxactement ce Rapport, on a mefuré la Pinte qui fert d'Etalon chez le Juré Etalonneur, & on l'a remplie d'Eau de Loire jufqu'au niveau des bords, fans qu'elle excedât au deffus de ce niveau. On a enfuite pefé le tout avec une balance très-exacte, & l'on a trouvé que cette Eau pefoit, déduction faite de la tare, 36 onces 2 gros 30 grains.

Comme on fçait par plufieurs experiences qu'un pied cube d'eau de Seine pefe 69 liv. 12 onces, on a conclu par une Regle de Trois fimple, en fuppofant l'Eau de la Loire égale en pefanteur à celle de la Seine, (ce qu'on peut faire fans aucune erreur fenfible,) que fi 69 liv. 12 onces d'eau valoient un pied cube ou 1728 pouces cubique, 36 onces 2 onces 30 grains devoient valoir 56 pouces cubiques, plus 1 cinquiéme de pouce.

Mais la Pinte de Paris eft de 48 pouces précifement, & par confequent celle d'Orleans qui eft de 56, fera à celle de Paris comme 7 eft à 6; c'eft-à-dire, que 6 Pintes d'Orleans en font affez exactement 7 de Paris.

L'ancienne Pinte d'Orleans, appellée la grande Pinte, qui étoit en ufage du tems de la Reformation de la Coutume en 1583, étoit plus grande que celle d'aujourd'hui d'un douziéme, en forte que 11 de ces Pintes en font 12 de celles d'aujourd'hui.

On s'eft fervi pour faire l'experience précedente de la maniére de mefurer avec de l'eau, qu'on a enfuite pefée éxactement; & l'on a choifi cette methode préferablement à toutes les autres, par ce qu'elle eft très-fure; & que même, à proprement parler, c'eft la feule qui foit éxacte.

DE LA VELTE.

LA *Velte* eft une Mefure dont on fe fert communement dans la vente des Eaux-de-vies; elle eft peu en ufage pour les Vins.

Mr. *De Gamaches*, dans fon Traité du Jaugeage, fuppofe la Velte de 360 pouces cubiques; mais il ne dit point fi c'eft de la Velte de Paris qu'il entend parler, ou de quelqu'autre. Si c'eft de la Velte de Paris, elle vaudra précifement 7 Pintes & demie de cette Ville.

On croit communément que la Velte d'Orleans est de 6 Pintes 2 tiers mesure d'Orleans, & que les trois Veltes valent précisément 20 Pintes ; mais je ne sçai sur quoi cette supposition est fondée, puisque nous n'avons aucun Reglement à ce sujet. Il y a beaucoup plus d'apparence que la Velte vaut précisément 6 Pintes d'Orleans de l'ancienne Mesure, & ce qui me le fait croire, c'est que la plû-part des Auteurs qui parlent de la Velte, comme *Savary*, *le Dictionnaire de Trevoux*, & quelques autres, nous disent que c'est une Mesure qui contient 3 Pots ou 6 Pintes.

Suivant cette supposition qui me paroît la mieux fondée, la Velte d'ici doit contenir 6 Pintes 6 onziémes de celles qui sont aujourd'hui en usage ; & les trois Veltes doivent valoir 19 Pintes 7 onziémes, ou 19 Pintes 2 tiers, à très-peu de chose près.

Cette supposition est d'autant plus semblable que suivant cette maniére de compter, le Poinçon qui étoit autrefois de 192 Pintes, devoit tenir 32 Veltes précisément, à raison de 6 Pintes par Velte, ce qui est un nombre rond & facile à diviser : car suivant ce compte le Quart contiendra 16 Veltes, & le demi Quart 8, ce qui est une division toute naturelle.

Puisqu'on a fait voir ci-dessus que la Pinte d'Orleans est de 56 pouces cubiques & 1 cinquiéme de pouce, il est evident par ce qu'on vient de dire, que la Velte en contiendra 367.

DU POINÇON.

SUivant l'Article 492 de la Coutume d'Orleans, le Poinçon de Vin doit tenir 12 Jallaies ; & chaque Jallaie 16 grandes Pintes d'Orleans : ce qui fait en tout 192 Pintes. La Pinte, dont il est parlé dans cet Article, n'est pas celle qui est aujourd'hui en usage, comme nous l'avons déja remarqué : cette

derniere eſt plus petite d'un douziéme que l'ancienne, qui étoit à celle d'aujourd'hui comme 12 eſt à
11, ſuivant la Remarque de M. *Delalande* ſur cet
Article de la Coutume. En faiſant la réduction ſur
le pied de ce rapport, on trouvera que le Poinçon
d'Orleans doit contenir 209 Pintes & demie de celles
dont on ſe ſert aujourd'hui.

On trouvera la même continence en faiſant le
calcul par le nombre de Veltes que doit contenir le
Poinçon; car en ſuppoſant que ce nombre doit être
de 32, ſuivant le ſentiment le plus général, & ce
que l'on a dit ci-deſſus; & la Velte valant 6 Pintes
6 onziémes, comme on l'a auſſi remarqué; on
trouvera que les 32 Veltes valent préciſément 209
Pintes & demie.

En ſuivant ce même rapport le Poinçon d'Eau-
de-vie, qui ſe vend ſur le pied de 29 Veltes & demie, doit contenir 192 à 193 Pintes; ce qui eſt le
même nombre de Pintes que contenoit l'ancien
Poinçon d'Orleans; & il y a beaucoup d'apparence
que quand on a été obligé de changer l'ancienne
maniére de Pinte, ce changement n'a pas eû lieu
pour les Eaux-de-vie; & cette ſuppoſition eſt d'autant plus vrai-ſemblable, que l'Article de la Coutume
qui fixe le Poinçon à 192 Pintes anciennnes, qui
en valent 209 & demie des nouvelles, ne parle
que du Poinçon de Vin.

On ſuppoſe ordinairement que les 29 Veltes &
demie, doivent faire 195 à 196 Pintes: mais il eſt
facile de voir, par ce qui vient d'être dit, que c'eſt
une erreur dans laquelle on eſt ſur ce point.

Enfin ſi l'on calcule la valeur du Poinçon par les
Meſures qui doivent être emploïées dans ſa Fabrique, & qui ſont aujourd'hui en uſage, on trouvera
encore la même continence.

Car 1°. la Meſure du diamêtre des Fonds verifiée

fur l'Etalon des Jurés, eft de 23 pouces 2 lignes.
2°. Le tour ou circonference du Poinçon, à l'endroit de la bonde, doit être de 7 pieds. 3°. La diftance entre les deux fonds, ou la longueur du
Poinçon, doit être de 25 pouces 4 lignes, fuivant
Mr. *Boullay*, qui dit avoir copié ces proportions
d'après l'original des Statuts des Tonneliers dépofés
à l'Hôtel-de-Ville, & aux Greffes du Baillage &
de la Prévôté; or en fuivant ces trois dimenfions,
fi l'on calcule la valeur du Poinçon par le moyen
des methodes que nous enfeigne la Geometrie, on
aura, en confiderant cette efpece de vaiffeau comme
un double *Paraboloïde tronqué*, qui eft la figure qui
lui convient le mieux, 210 Pintes un peu plus pour
continence; ce qui ne differe pas fenfiblement de ce
qui vient d'être trouvé par les autres methodes.

Le *Quart* eft la moitié du Poinçon, & contient
par confequent 105 Pintes ou environ. Les quatre
Quarts, ou les deux *Poinçons*, font le Tonneau.

Le *Muid de Vin* de Paris, fuivant une Ordonnance
du Roi Jean de l'année 1350, rénouvellée par une
autre Ordonnance d'Henri II. du 10 Octobre 1557,
& par des Lettres Patentes de Louis XIV. du 8
Avril 1715, qui en ordonnent l'exécution, eft-fixé
à 37 Setiers & demi ou 300 Pintes, y compris le
marc & la lie, pour faire 36 Setiers fans lie, ou
288 Pintes. Le *Setier* eft de 8 Pintes.

Suivant cette fixation le rapport du Poinçon de
Vin d'Orleans, qui eft de 209 Pintes & demie,
(qui en valent 245 de Paris,) comparé au Muid
de Paris, fera comme 245 à 400; neanmoins par
les Reglemens des Aides le rapport du Poinçon de
Vin d'Orleans au Muid de Paris, eft fuppofé être,
comme 5 à 6, ou ce qui eft la même chofe, comme
240 à 300, ce qui fait une erreur de 5 Pintes,
qui tombe en perte pour les Habitans d'Orleans,
tant pour les droits d'entrée qu'autres.

DE LA JAUGE dont on se sert pour les Eaux-de-Vies.

ON se sert ordinairement pour le Jaugeage des Eaux-de-vies, d'une Verge de fer qui a environ 3 pieds 8 pouces de longueur, sur laquelle sont marquées differentes divisions depuis 1 jusqu'à 100, qui expriment le nombre de Veltes contenu dans les Poinçons, Busses ou Pipes que l'on veut mesurer. On fait entrer cette Verge par la bonde du Poinçon, ou autre Vaisseau, de maniére que son extremité touche au bas de l'un des Fonds; ensuite on regarde à quelle marque de Jauge répond le milieu de la bonde pris dans la partie interieure de la Douve, & alors on juge par cette marque ou division du nombre de Veltes contenu dans le vaisseau. Cette maniére de mesurer est celle de toutes qui est la moindre éxacte & la plus sujette à erreur, & l'usage n'en est sans doute devenu si commun, qu'à cause de la grande promptitude & de l'extrême facilité avec laquelle on opere.

Il n'y a point ici d'Etalon de ces sortes de Jauges, & l'on ne peut s'assurer de leur justesse qu'en les comparant les unes aux autres; ce qui est encore un inconvenient qui peut à la fin faire oublier qu'elle est leur veritable mesure. J'en ai mesuré plusieurs, parmi lesquelles j'en ai trouvé de défectueuses, & qui étoient très-differentes les unes des autres: mais j'ai observé en général que la longueur qui y est marquée pour une Velte est de 8 pouces 7 lignes & demie. Cette longueur une fois connue devient une regle invariable & une methode sure pour trouver toutes les autres divisions. Il ne faut emploier pour cela qu'une feule regle de proportion pour chacune, parce que les longueurs convenables à ces divifions, font entr'elles comme les racines cubiques du nombre de Veltes que contiennent les vaiffeaux qu'on veut mefurer. En fuivant cette regle, on trouvera que la longueur qui convient pour 32 Veltes, doit être de 27. pouces 4 lignes & demie, que celle qui convient à 100 Veltes, eft de 3 pieds 3 pouces 10 lignes, & ainfi des autres.

❋❖❋❋❋❋❋❋❋❋❋❋❋❋❋❋❋❋❋❋❋❋❋❋

Des Mefures pour les Bleds, Avoines, & autres Grains, & auffi pour le Sel.

LE *Muid* de Grains, mefure d'Orleans, tant pour les Bleds, qu'Orges, Avoines, Poix, Veffe, Feves, & autres Grains, contient 12 *Mines*, la Mine 2 *Minots*, le Minot 2 *Boiffeaux*, & le Boiffeau 8 *Litrons*, qu'on appelle auffi *Quarts*, quoi qu'improprement : tous ces Grains fe mefurent ras.

La *Mine d'Orleans*, mefurée tant avec de l'eau qu'avec du Millet, fur le modele de bronze qui fert d'Etalon, contient exactement 29 Pintes 3 quarts de cette Ville ; ou, ce qui eft la même chofe, 1672 pouces cubiques.

Cette mine fert auffi pour la vente du charbon & de la chaux, mais alors elle fe mefure comble, ou enfêtée

Le Minot de Paris contient 1985 de ces pouces ; ainfi fuivant ce compte le Muid ou les 12. Mines d'Orleans, valent 5 Mines ou 10 Minots de Paris, à très-peu de chofe près.

On remarquera ici en paffant que le Litron de Paris n'eft pas de 36 pouces cubiques, comme le fuppofe l'Auteur de l'Almanach de *Colombat*, mais de 40 &

même un peu plus. En effet, fuivant les dimenfions des hauteurs & diamêtres des Mefures de Grains qui ont été réglées pour .a Ville de Paris par une Ordonnance de Police du mois de Décembre 1672, le Litron doit avoir 3 pouces 10 lignes de diamêtre fur 3 pouces 6 lignes de hauteur : or ces Mefures donnent par le calcul geometrique un produit de 40 pouces & demi environ pour la continence du Litron.

D'ailleur: fi le Litron de Paris n'étoit que de 36 pouces cubiques, le Minot n'en devroit contenir que 48 fois 36 ou 1728. Mais ce nombre eft beaucoup trop petit, puifque fuivant la même Ordonnance, dont on parloit toute à l'heure, le Minot de Paris doit avoir 14 pouces 8 lignes de diamêtre fur 11 pouces 9 lignes de hauteur, ce qui, réduit au calcul geometrique, donne un produit de 1985 pouces cubiques pour la continence de ce Minot, comme on l'a marqué cy-deffus.

Le Muid de Grains, Mefure de Beauce, contient 12 *Setiers* ou 24 *Mines*, & la Mine 4 *Boiffeaux*, taut pour le Bled que pour l'Avoine. Ce Muid eft trois fois plus grand en général que celui d'Orleans, mais il eft beaucoup plus confiderable dans quelques endroits.

Le Muid de Sel d'Orleans eft le même qu'à Paris, & il n'y en a point d'autre dans tout le Royaume. Il contient 12 *Setiers*, le Setier 4 *Minots*, le Minot 4 *Boiffeaux* ou *Quarts*, & le Boiffeau 16 *Litrons* : le Minot pefe environ 96 livres, mefuré à la tremie.

Le Boiffeau de Sel ne contient que 640 pouces cubiques, & un quart de pouce.

K

****

TABLE de ce que peſe une Mine de chaque eſpece de Grains, Meſure d'Orleans, année commune.

			LIVRES.
FRoment,	-	-	50.
Méteil,	-	-	46.
Seigle,	-	-	46.
Orge,	-	-	38.
Avoine,	-	-	33.
Bled noir,	-	-	43.
Poix ſecs,	-	-	60.
Haricots,	-	-	50.
Lentilles,	-	-	43.
Groſſes Feves,	-	-	40.
Veſſe,	-	-	60.
Millet,	-	-	45.
Navette,	-	-	43.

Des Meſures pour le Bois ſuivant l'uſage de la Foreſt d'Orleans.

LE *Bois de Moule* ſe vend à la coche, & quoi qu'il ne doive avoir que 4 pieds de longueur, ſuivant les Réglemens, l'uſage néanmoins eſt de le faire depuis 5 pieds juſqu'à 5 pieds & demi de longueur, mais plus ſouvent de 5 pieds 2 pouces.

Suivant le Réglement de *Chandon* de l'année 1583 pour la Police d'Orleans,

La Buche ronde d'une coche doit avoir 7 pouces & demi de tour.

Celle de deux coches doit avoir 12 pouces de tour

Celle de trois coches 14 pouces de tour.

Et celle de quatre coches 16 pouces de tour.

Le tout mefuré par le bout le plus menu, & s'il
e trouve plus de 20 Buches par cent plus petite
que les Mefures ci-deffus, toute la Charetée doit
être confifquée.

On remarquera en paffant que ces proportions
ne font point du tout exactes, & que fuivant ces
rapports, il y a beaucoup plus d'avantage à acheter
des Buches de trois & de quatre coches, & encore
plus de deux coches, que celles qui n'ont qu'une
coche ; car fuivant les proportions précedentes, fept
Buches de 4 coches, qui ne devroient faire que 28
Buches fimples d'une coche en valent trente-deux ;
& fept Buches de 3 coches qui ne devroient valoir
que 21 Buches d'une coche en valent 24: ce qui dans
ces deux cas eft un avantage de 15 coches par 100.
Mais cet avantage eft encore bien plus grand en
n'achetant que des Buches de 2 coches réglées fuivant la Mefure précédente : car 7 Buches de 2 coches qui ne devroient valoir que 14 Buches d'une
coche, en valent 18, ce qui eft un avantage de 25
coches par cent pour les acheteurs. Il feroit à fouhaiter que nous euffions à ce fujet quelque Reglement
qui mit les chofes dans l'égalité.

La corde parée doit avoir 4 pieds de haut fur 8
de long, & chaque brin 3 & demi de longueur,
qui doit être fçié des deux bouts & droit.

La Corde de cuifine a la même hauteur & la même

largeur, mais le brin n'est que de la longueur des cotterets de Forêt pour celle qui se fait aux environs d'Orleans. Celle qui vient du Païs haut a depuis 8 à 4 pieds de longueur de brin, & quelquefois jusqu'à 5 pieds. Le bois tortu & de branchage entre dans cette espéce de corde.

Les *gros Cotterets* ou *Cotterets de Forêt*, doivent avoir 22 à 23 pouces de tour, & 3 pieds & demi de longueur. L'usage est de les faire de 3 pieds de longueur entre coupes.

Les *Cotrillons* doivent avoir 25 à 26 pouces de tour, & être de la longueur du cotteret pour ceux de Forêt. Les cotrillons de Sologne sont plus longs.

Les *Fagots* sont composés de même Bois, & sont de même grosseur que les cotrillons, mais ils ont de longueur 4 pieds & demi ou environ. Il n'y a gueres que les Boulangers qui s'en servent.

Des Mesures pour le Charbon, Avoine, Chaux, Charnier, Osier, &c.

Le *Charbon* se vend au *Sac*, au *Poinçon*, ou à la *Mine* : le Sac doit contenir deux Mines d'Orleans, & le demi-sac une Mine ; chaque Poinçon ou Mine doit être enfêtée. Cette Mine doit avoir 10 pouces de hauteur sur 14 pouces de diamêtre, & le Poinçon doit être de la hauteur & diametre ci-dessus marqués, *page* 142.

La *Mesure d'Avoine* pour les Chevaux, ou le *Picotin*, doit, suivant le même Réglement de Police, être le tiers du Boisseau, ou la douziéme partie de la Mine.

La *Chaux* se vend à la Mine enfêtée, & quelquefois au Poinçon, aussi enfêté, qui doit être étalonné.

Le *Charnier*, suivant le même Réglement, doit avoir 5 pieds de long, & *la Perche* 11 pieds ; l'un &

l'autre de groffeur raifonnable. La Botte de Charnier doit contenir 50 Charniers, & le Faifceau de
Perches, 25 Perches, à peine de confifcation & d'a-
mende. Aujourd'hui la longueur du Charnier n'eft
que de 4 pieds & demi. Le Charnier fe vend à la
douzaine, qui eft de 25 bottes.

La *Gerbe d'Ofier*, fuivant le même Réglement,
doit être bien étreinte, & avoir de tour 4 pieds &
demi à l'endroit du lien, à peine de confifcation.

La *Torche d'Ofier* contient trois cens brins.

Des Mefures pour la Tuile & la Brique.

Suivant les Originaux ou Etalons fervans pour les
Tuiles & Briques qui font en l'Hotel de Mr. le
Lieutenant Général de Police.

1. Le *Grand Carreau* doit avoir 10 pouces en
   quarré; & 2 pouces d'épaiffeur.

2. La *Tuile* ordinaire doit avoir 10 pouces de
   longueur fur 6 de largeur, & 8 lignes d'é-
   paiffeur.

3. Le *Carreau* ordinaire doit avoir 6 pouces en
   quarré, & un pouce d'épaiffeur.

4. Une efpéce de *Brique* appellée *Bricot*, 6 pouces
   en quarré & 2 pouces d'épaiffeur.

5. La *Chantille* ou *Tuile gironée*, qui fert pour
   les couvertures des Chapiteaux des Tours
   rondes, comme des Colombiers, 4 pouces 5 lignes de largeur par le haut, 6 pouces de largeur par le bas, 10 pouces de
   hauteur, & 8 lignes d'épaiffeur.

Il y a encore à Orleans quelques autres Mesures en usage, sçavoir : les *Mesures à l'Huile*, qui ne servent que chez les Chandeliers, & qui doivent contenir précisément ou une *Livre d'Huile*, ou une *demie Livre*, ou un *Quarteron* suivant leur grandeur.

On a mesuré avec soin la matrice ou étalon de celle qu'on appelle *Mesure d'une Livre*, qu'on a fait prendre chez les Jurés Chandeliers, & l'on a trouvé qu'elle contenoit exactement 27 pouces deux cinquièmes de pouces d'eau ; ce qui fait voir que cette Mesure ne vaut pas la chopine d'Orleans, qui est de 28 pouces.

Enfin pour n'avoir rien à désirer sur cette Matiere, on remarquera que la Mesure appellée *Darne*, qui est employée dans la vente de quelques Poissons, sur-tout du Saumon frais, doit avoir précisément 20 lignes de largeur, & la *demie-Darne* 10 lignes.

✳✳✳✳✳✳✳✳✳✳✳✳✳✳✳✳✳✳✳✳

RAPPORT DES MESURES DE GRAINS

DES PRINCIPAUX ENDROITS DE L'ORLEANNOIS,

& de quelques autres comparées au Muid d'Orleans,

par Ordre Alphabethique.

A CHERES. Le Muid de Bled vaut 39 Mines d'Orleans.

ARTENAI. Le Muid vaut 37 Mines d'Orleans.

AUBIGNI *en Sologne*. Les 31 Boisseaux font le Muid d'Orleans.

BEAUGENCI. Les 25 Mines en valent 40 d'Orleans : le Muid y est de 12 Setiers ; le Setier de 2 Mines.

BLOIS. Les 12 Mines, ou 6 Setiers, valent 12 Mines d'Orleans : le Muid y est de 12 Setiers.

BOISCOMMUN. Les 8 Mines valent le Muid d'Orleans.

BONNEVAL, Le Muid vaut 48 Mines d'Orleans.

BONNI. Les 28 Boisseaux valent le Muid d'Orleans

BOURGES. Les 25 Boisseaux valent le Muid d'Orleans : le Muid est de 12 Setiers, & le Setiers de 8 Boisseaux ; le Boisseau contient 825 pouces cubiques.

BRACIEUX. Le Boisseau de Seigle pese 14 livr. & il y a 6 Boisseaux à la Mine.

BRIARE. Les 27 Quartes font le Muid d'Orleans, comme à Gien.

CHARTRES. Le Muid vaut 47 Mines d'Orleans.

CHATEAUDUN. Le Muid vaut 35 Mines d'Orl.

CHATEAUNEUF. Le Muid vaut 17 Mines d'Orl.

CHATILLON *sur Loire.* Les 32 Boisseaux font le Muid d'Orleans,

CLERI. Le Muid vaut 32 Mines d'Orleans.

COSNE. Les 24 Boisseaux font le Muid d'Orleans.

DECIZE en *Nivernois.* Les 27 Boisseaux un Tiers font le Muid d'Orleans.

DOURDAN. Le Muid vaut 4 Muids d'Orleans.

ETAMPES. Le Muid vaut 59 Mines d'Orleans.

GIEN. Les 27 Quartes font le Muid d'Orleans, le Sac est de 6 Quartes.

JARGEAU. Les 12 Mines & un demi Boisseau valent 18 Mines d'Orleans : le Muid y est de 12 Mines, & la Mine de 6 Boisseaux.

ILIERS. Le Muid en vaut 5 d'Orleans.

INGRÉ. Le Muid vaut 42 Mines d'Orleans.

LA CHARITÉ. Les 20 Boiſſeaux valent le Muid d'Orleans.

LA FERTÉ-IMBAULT. Les 37 Boiſſeaux font le Muid d'Orleans.

LA FERTÉ-LOWENDAL. Le Muid vaut 15 Mines d'Orleans.

LORRIS. Les 9 Mines font le Muid d'Orleans.

MER. Le Setier vaut 3 Mines & demi Boiſſeau d'Orleans.

MERINVILLE *en Beauce*. Le Muid vaut 34 Mines d'Orleans.

MEUN. Le Muid vaut 38 Mines d'Orleans.

MONTARGIS. On y compte par Boiſſeaux ; dont les 8 en valent 12 de Pithiviers.

NANTES. Le Tonneau de Bled vaut 42 Mines d'Orleans.

NEMOURS. Les 5 Setiers valent le Muid d'Orleans

NEVERS. Les 20 à 21 Boiſſeaux valent le Muid d'Orleans.

NEUVI *ſur Baranjon*. Les 8 Boiſſeaux en valent 9 d'Aubigni.

NEUVILLE-AUX-BOIS. Le Muid vaut 41 Mines d'Orleans.

NOUAN-LE FUSELIER. Le Setier vaut 3 Mines d'Orleans.

ORLEANS. La Mine de Froment peſe 50 livres, & contient 1672 pouces cubiques.

PARIS. Le Minot de Froment peſe 60 livres, & contient 1985 pouces cubiques : le Muid de Paris vaut 57 Mines d'Orleans.

PATAI. Le Muid vaut 39 Mines d'Orleans.

PIERREFITTE, comme Aubigni.

PITHIVIERS, comme Patai. Le Sac y eſt de 3 Mines, qui valent 12 Boiſſeaux.

PUISEAUX *en Gatinois*, comme Nemours.

ROMORENTIN. Les 42 Boiſſeaux valent le Muid d'Orleans.

ROUANE. Les 20 Boiſſeaux font le Muid d'Orleans

ROUEN. Le Setier de Bled peſe 220 liv. Il ſe diviſe en 2 Mines, & la Mine en 4 Boiſſeaux.

SAINT BENOIT *ſur Loire*. Les 30 Quartes font le Muid d'Orleans.

SAINT MESMIN DE MIXI. Le Muid vaut 14 Mines & demie d'Orleans.

SAINT VRAIN *proche Coſne*, comme Coſne.

SANCERRE. Les 24 Boiſſeaux font le Muid d'Orl.

SANCHEVILLE *en Beauce*. Le Muid vaut 48 Mines & demie d'Orleans.

SOIZY-MALESHERBES. Le Muid vaut 38 Mines d'Orleans.

SUEVRE, comme Mer.

SULLI. La Quarte eſt comme celle de Gien, un peu plus petite.

TOURS. Le Setier peſe 220 livres : il contient 12 Boiſſeaux.

VENDOME. Les 3 Boiſſeaux un huitiéme valent le Muid d'Orleans.

VIERZON. Les 12 Boiſſeaux en valent 13 de Romorentin.

VOUZON. Les 3 Boiſſeaux valent la Mine d'Orleans : il y en a 4 à la Mine.

YENVILLE. Le Muid vaut 37 Mines & demie d'Orleans.

****

MARCHÉS DES VILLES ET BOURGS DE L'ORLEANNOIS, ET DES ENVIRONS;

Et les Jours où ils se tiennent.

ARTENAI, les Mardi & Vendredi,

AUNEAU, le Vendredi,

AUTHON, *Election de Chateaudun*, le Jeudi.

BEAUGENCI, les Mardi & Samedi.

BEAUNE *en Gatinois*, le Mercredi.

BOISCOMMUN, le Jeudi.

BONNEVAL, le Lundi.

BOINES, le Vendredi, *pour les Denrées seulement.*

BRACIEUX, le Jeudi.

BROU, le Mercredi.

CHARTRES, les Mardi, Jeudi, & Samedi.

CHATEAUDUN, les Mercredi, Jeudi, & Samedi.

CHATEAUNEUF *sur Loire*, le Vendredi.

CHATEAURENARD, les Mardi & Vendredi.

CHATILLON *sur Loire*, le Samedi.

CONTRES, le Lundi.

COSNE, les Mercredi & Vendredi,

COURTALIN, le Lundi.

DOURDAN, le Samedi.

ETAMPES, le Samedi.

GIEN, les Mercredi & Samedi,

JARGEAU, le Mercredi.

ILIERS, les Lundi & Vendredi.

LA BAZOCHE-GOUET, le Samedi.

LA FERTE'-SAINT-AGNAN, le Mercredi.

LORRIS, le Mardi.

MER, les Lundi & Vendredi.

MEUN, les Lundi, Mercredi & Vendredi.

MONTARGIS, les Mercredi & Samedi.

MONTMIRAIL, le Jeudi.

NEUVILLE, le Lundi.

NOUAN LE FUZELIER, le Jeudi.

ORLEANS, les Mercredi & Samedi.

OUZOUER-LE-MARCHE', le Jeudi.

PATAI, les Mardi & Vendredi.

PITHIVIERS, le Samedi.

PUISEAUX, le Lundi.

ROMORENTIN, les Lundi, Mercredi & Vendredi.

SAINT AGNAN, *Duché*, les Mercredi & Samedi.

SANCHEVILLE, le Mercredi.

SAINT FARGEAU, les Mercredi & Samedi.

SELLES *en Berry*, le Samedi.

SOIZI-MALESHERBES, le Samedi.

SULLI, le Samedi.

VENDOME, le Samedi.

VOVES, le Jeudi.

VOUZON, les Mardi & Vendredi.

YENVILLE, les Mercredi & Samedi.

✳✳✳✳✳✳✳✳✳✳✳✳✳✳✳✳✳✳✳✳✳✳✳✳

FOIRES PRINCIPALES

DE L'ORLEANNOIS, ET DES ENVIRONS.

ACHERES : le 1 Mai : le 7 Septembre, & le 25 Novembre.

ARTENAI : le lendemain des Cendres.

AUBIGNI : le 14 Janvier : le Samedi d'après la Mi-Carême : le 30 Septembre : le 10 Novembre, & la veille du premier Dimanche de l'Avent.

AUNEAU : le 22 Septembre & le 2 Novembre.

BEAUGENCI : le 22 Juillet, & le 1 Septembre.

BLOIS : le 24 Juin, & le 29 Août, *qui dure huit jours.*

BOISCOMMUN : la petite Fête-Dieu : le 10 Août : le 18 Octobre, & le 6 Decembre.

BONNEVAL : le 1 Septembre.

BONNI : le *vingtiéme* jour de Carême : le 24 Août, & le 18 Novembre.

BOURGES : le 27 Decembre.

BRACIEUX : le *Mercredi* avant la Pentecôte ; & le 11 Octobre.

CHARSONVILLE : le *Lundi* d'après le premier Septembre.

CHARTRES : la Foire *des Barricades* qui commence le 11 Mai, *& dure huit jours :* celle du 24 Août, *qui dure trois jours francs,* & celle du 30 Novembre.

CHATEAUDUN : le 25 Janvier ; à la Mi-Carême : le 6 Mai : le 22 Juillet ; le 22 Octobre, & à la faint Leger.

CHATEAUNEUF *fur Loire* : le Jeudi-Saint : le 30 Juin : le 24 Août : le 29 Octobre , & le 14 Decembre.

CHATEAUVIEUX : le 11 Juin : le 24 Août ; & le 21 Decembre.

CHATILLON *fur Loire* : le 29 Août : le 2 Novembre , & le 13 Decembre.

COULLON : le *Jeudi* avant la Pentecôte, & le 1 Août.

DOURDAN : le 10 Août , & la faint Felicien : le *troifiéme Lundi* de Septembre *Foire franche qui dure trois jours.*

ETAMPES : le 2 Septembre , & le 29 Septembre.

FAI : le 1 Mai & le jour de S. Côme 27 Septembre.

GIEN : le Cours de Gien , qui commence le *fecond Lundi* de Carême ; & *dure huit jours :* le 11 Août , & le 9 Octobre.

GUIBRAI *en Normandie* : le 16 Août , & *dure quinze jours.*

HENRICHEMONT : la Foire de faint Fiacre le 30 Août.

JARGEAU : le 29 Août : le 19 Octobre, & le 26 Decembre.

ILIERS : la faint Barthelemi 25 Août.

ISSOUDUN : le 25 Novembre.

LA BAZOCHE-GOUET : Foire à la S. Gourjean.

LA FERTE'-IMBAULT : le *fecond Jeudi* de Carême : le 22 Juillet , & le 6 Decembre.

LAILLI le 7 Septembre.

LE PUISET : le 22 Juillet.

LORGES : le *second Lundi* de Carême : le 24 Fevrier : le 11 Juin : le 18 Octobre, & le 6 Decembre.

LORRIS : le 24 Juin : le 10 Août : le 15 Septembre, & le 30 Novembre.

MER : le 13 Janvier : le Mercredi des Cendres : le Vendredi de la Passion : le 24 Juillet : le 2 Novembre, & le 1 Decembre.

MEUN : le 9 Octobre, & le 12 Novembre.

MONTARGIS : le Jeudi gras : le lendemain de la *Quasimodo* : le 21 Juillet, *dure trois jours :* & le *Lundi* d'après la S. Remi 1 Octobre.

MONTMIRAIL le 29 Septembre & 6 Decembre.

NEUVILLE : le 11 Juin : le 24 Août, & le 11 Novembre.

NOUAN-LE-FUSELIER : le Jeudi gras : le 10 Août, & le 11 Novembre.

ORLEANS : la *Foire S. Agnan* 18 Novembre.

PATAI : le 1 Mai, le 25 Juillet, & 30 Novembre.

PIERREFITTE : le 2 Mai.

PITHIVIERS : le 23 Avril : le 29 Juin : le 21 Septembre, & le 17 Novembre *dure deux jours*

PUISEAUX : le lendemain de la *Quasimodo*, & le 9 Septembre.

ROMORENTIN : le 3 Fevrier : le 25 Juin : le 3 Juillet : le 16 Août : le *Lundi* d'après le 11 Novembre ; on l'appelle *la Plisson*, & elle *dure huit jours*, & le 9 Decembre.

SAINT AGNAN, *Duché* : le 22 Fevrier : le 29 Juin : le 10 Août : le 1 Octobre : le 28 Octobre, & le 30 Novembre.

SAINT DIÉ : le 30 Novembre.

SAINT GENOU, *près la Ferté-Imbault*, Foire qui *dure trois jours francs*, devant la Saint Jean-Baptiste.

SALBRIS : le lendemain de faint Georges, & le 28 Octobre.

SANCHEVILLE : le 2 Octobre.

SELLES *en Berry* : le 24 Fevrier, & le 29 Septembre.

SOIZI-MALESHERBES : le Mardi de la Paffion : le 4 Juillet : le 14 Août, & le 12 Novembre.

SUEVRE : le 28 Octobre.

SULLI : le Lundi d'après la S. Vincent 22 *Janvier* : le fecond Lundi de Carême : le Lundi d'après la Mi-Carême : le fecond Lundi d'après la *Quafimodo* : le 25 Juin : le Lundi d'après la S. Michel : le 29 Octobre, & le 3 Novembre.

TOURY : le 10 Octobre.

VENDOME : le 3 Fevrier : le Samedi de la Trinité : le jour de S. Georges, & le 11 Novembre.

VIERZON : le 3 Fevrier.

VOVES : le jour de l'Afcenfion.

VOUZON : le 29 Juin : le 29 Août, & le 28 Decembre.

TABLE DE L'EVALUATION

des Efpeces vieilles d'Or de France, à 678. liv. 15 fols le Marc.

Marc,	Liv. S.	Once.	Liv. S. D.	Gros.	Liv. S. D.	Grain.	Liv. S. D.
1.	678. 15.	1.	84. 16. 10.	1.	10. 12. 1.	1.	2. 11.
2.	1357. 10.	2.	169. 13. 9.	2.	21. 4. 3.	2.	5. 10.
3.	2036. 5.	3.	254. 10. 8.	3.	31. 16. 4.	3.	8. 9.
4.	2715. 0.					4.	11. 8.
		4.	339. 7. 6.	4.	42. 8. 6.	5.	14. 7.
5.	3393. 15.					6.	17. 6.
6.	4072. 10.	5.	424. 4. 4.	5.	53. 0. 6.	7.	1. 0. 5.
7.	4751. 5.					8.	1. 3. 4.
		6.	509. 1. 3.	6.	63. 12. 7.	9.	1. 6. 3.
8.	5430. 0.					10.	1. 9. 2.
9.	6108. 15.	7.	593. 18. 2.	7.	74. 4. 8.	11.	1. 12. 2.
10.	6787. 10.					12.	1. 15. 0.
						13.	1. 17. 11.
						14.	2. 0. 10.
						15.	2. 3. 9.

EVALUATION
Des Especes vieilles d'Argent de France à 46 liv. 18 f. le Marc.

Un Marc		Liv. Sols.		Une Once		Liv. Sols D.		Un Gros		Liv. Sols D.	
Un Marc	:	46.	18.	Une Once	:	5. 17. 3.		Un Gros	:	14. 7.	
2.	:	93.	16	2.	:	11. 14. 6.		2.	:	1. 9. 3.	
3.	:	140.	14	3.	:	17. 11. 9.		3.	:	2. 3. 10.	
4.	:	187.	12.	4.	:	23. 9. 0.		4.	:	2. 18. 7.	
5.	:	234.	10.	5.	:	29. 6. 3.		5.	:	3. 13. 3.	
6.	:	281.	0	6.	:	35. 3. 6.		6.	:	4. 7. 10.	
7.	:	8.	6.	7.	:	41. 0. 9.		7.	:	5. 2. 5.	
8.	:	375.	4.								
9.	:	422.	2.								
10	:	469.	0.								

TABLE DES MONNOIES ETRANGERES

AVEC LEUR EVALUATION

COMPARÉE A CELLES DE FRANCE.

Monnoies étrangeres.		Monnoie de France Liv. S. D.
Angleterre.	{ L A Livre sterlin vaut : Le Sol sterlin, La Guinée,	24. 8. 1. 4. 5 24.
Hollande.	{ Le Florin,	2. 4. 5
Allemagne & Pais Bas.	{ La Rixdale, Le Florin,	6. 2.
Rome.	{ L'Ecu courant, Le Jules,	6. 13. 4 13. 4
Espagne.	{ La Pistole, La Piastre, La Realle,	22. 5. 10. 13. 9.
Portugal.	{ La Cruzade, Le Teston,	3. 9. 2 17. 4
Pologne.	{ La Rixdale, Le Florin,	5. 8. 6 1. 16. 3
Moscovie.	{ Le Rouble, 100 Copecs ou 10 grives valent un Rouble.	6. 4. 9
Turquie.	{ La Bourse, Le Sequin, L'Aspre,	1500. 6.

MESURES GEOGRAPHIQUES

MODERNES.

FRANCE. LA lieuë de France eſt de trois ſortes: La grande lieuë, ou lieuë marine de 20 au degré, eſt de 2853 toiſes.

La lieuë moienne de 25 au degré, eſt de 2282 toiſes & demie.

La petite lieuë eſt de 2000 toiſes.

A l'égard des lieuës actuelles de France, elles ſont inégales ſuivant les differens Païs du Roïaume, & varient depuis 1700 toiſes juſqu'à 3100 : les plus petites ſont du coté d'Orleans, Beauce, & Gâtinois ; les plus grandes ſont en Provence, Languedoc, Guienne, & Gaſcogne.

Rapport des Meſures Geographiques des differens Etats de la Terre avec la lieuë de France.

ESPAGNE. DEux lieuës en valent 3. moien. de France

ITALIE. 12. Mils communs 5.

Les Mils d'Italie ſont inégaux; les plus petits ſont du coté de Rome & de Naples, & les 3 ſont la lieuë moïenne de France : les plus grands ſont du coté du Piedmont & de la Lombardie ; les deux ſont la lieuë moïenne de France.

L ij

SUISSE.	1. lieuë commune;	÷	5 *l. moiennes de France.*
Angleterre Ecosse & Irlande. }	2. mils communs; ÷ ÷	÷	1.
HOLLANDE	4. lieuës communes,	÷	5.
PAIS BAS.	4. lieuës,	• •	5.
ALLEMAGNE	3. lieuës communes, •	5.	

Les lieuës d'Allemagne varient comme celles de France, suivant les differentes Provinces.

Dannemarc.	3. lieuës communes,	•	5.
SUEDE.	1. lieuë com. ou mil,	•	2.
SCANDIE.	2. mils, •	• •	5.
NORVEGE.	11. mils, ÷		25.
POLOGNE.	4. lieuës communes, •	•	5.
MOSCOVIE.	3. woerft ou mils,	• •	1.
TURQUIE.	3. mils, •	•	1.
HONGRIE. {	1. mil, ou lieuë com. •	2.	
	2. mils ou 2. gr. lieuë, •	5.	
UKRAINE ou PAIS des Cosaques. }	1. lieue; ÷	÷	5 2.
ARABIE.	16. mils; ÷	÷	7.
EGIPTE.	4. mils, ÷	÷	1.
PERSE.	3. Farsangues ÷ ÷	÷	5.
INDOLSTAN.	3. Kosses communs,	•	2.
MALABAR.	2. lieues ou kosses,	•	5.
CHINE.	10. lis, stades, ou 1 pu, •	1.	
JAPON.	7. lieues,	•	25.

REMARQUE

SUR L'ANNE'E CIVILE.

Nciennement l'Année commençoit en France le premier de Mars. Sous la premiere Race de nos Rois elle commençoit ou à Noël, ou à Pâques, ou au 1 Janvier, suivant les differentes maniéres dont elle étoit comptée; & il ne paroît pas qu'il y eût alors rien de fixe à cet égard.

Sous la seconde Race tous les Historiens commencent l'Année au jour de Noel, *Anno à Nativitate Christi*, que l'on disoit aussi quelquefois, *Ab Incarnatione Christi.*

Sous la troisiéme Race cette coutume changea; & l'on compta les Années depuis *l'Incarnation de Notre-Seigneur*, (prenant ce mot dans son propre sens) c'est-à-dire, depuis le 25. de Mars. Dans la suite on compta les années depuis Pâques, & on en trouve des exemples dès le XIV. Siécle; de maniére que dans l'intervale où cette Fête peut arriver, (qui est depuis le 22 Mars jusqu'au 25 Avril,) on ajoutoit *devant* ou *après Pâques*, pour marquer la fin ou le commencement de l'Année; ce qui a duré jusqu'en l'année 1567.

Charles IX. par l'Article 39 de son Ordonnance datée du Château de Roussillon en Dauphiné, du mois de Janvier 1564, (que l'on comptoit encore en France 1563,) ordonna qu'à l'avenir on commenceroit l'Année au premier jour de Janvier. En la Grande Chancellerie au premier Janvier suivant, on compta 1565; mais au Parlement de Paris, on ne commença l'Année au mois de Janvier qu'en

1567 ; cette Ordonnance n'y ayant pû être enre-
giftrée jufqu'alors, & ne l'ayant été que le 23.
Decembre 1566. Ainfi cette Année 1566, eût
feulement 8 mois 17 jours ; ce n'eft que depuis ce
même tems que l'on a commencé l'Année au 1 Janvier dans les Provinces.

Dans les Pais Bas Autrichiens l'Année a commencé au 1 Janvier 1576, en vertu d'un Diplome
du 26 Juin 1575.

✱✱✱✱✱✱✱✱✱✱✱✱✱✱✱✱✱✱✱✱✱✱✱

Sur le Retranchement des dix jours de l'Année Julienne.

Vant l'Année 1582, & depuis la Reformation
du Calendrier par Jules Cefar, l'Année étoit
de 365 jours 6 heures, c'eft à dire, trop longue
de 11 minutes. Cette difference avoit déja caufé
une erreur de dix jours dans l'intervale de tems,
qui s'étoit écoulé depuis Jules Cefar jufqu'au Pon-
tificat de Gregoire XIII. Ce Pape par fa Bulle du
24 Fevrier 1582, ordonna qu'on rétranchât dix
jours de l'Année, & que le cinq Octobre de cette
Année feroit compté le quinze. C'eft en confe-
quence de ce rétranchement que la Fête de fainte
Therefe, (qui a été fixée au lendemain de fa mort
arrivée le 4 Octobre 1582, à caufe de la Fête de
faint François qui fe fait auffi le même jour,) ne
fe celebre que le quinze au lieu du cinq, parce
que ce quinze répond au cinq, au moien des dix
jours qui ont été alors rétranchés.

Cette Correction fut reçuë auffi-tôt en France ;
le Roi Henri III. par fon Ordonnance du 3 Novembre 1582, ordonna qu'au lieu de compter le
15 Decembre on compteroit le 25, & qu'on cele-

breroit ce jour-là la Fête de Noël. Toutes les Nations Catholiques l'adopterent pareillement : & depuis la plû-part des Etats Proteſtans en ayant réconnu la juſteſſe s'y ſont auſſi conformés. A la Diette de Ratisbonne il fut arrêté par le Corps des Proteſtans de l'Empire, qu'au 18 Février 1700, on rétrancheroit 11 jours du vieux ſtile, y compris celui de l'Année 1700, porté par la Reformation du Calendrier Gregorien. On a fait depuis le même Reglement en Dannemarc.

Enfin les Anglois eux-mêmes, revenus de leurs anciens préjugés contre tout ce qui vient de Rome, ont commencé en cette Année 1752 à ſe conformer à cette Correction ; enſorte qu'il ne reſte plus aujourd'hui que la Moſcovie & la Suede, où elle n'a point encore été reçuë.

Il eſt arrivé au moien de ces dix jours rétranchés, que ces deux anciens Proverbes ou Sentences populaires, qui ſont encore aujourd'hui en uſage ; (ſçavoir, qu'à *la ſaint Barnabé ſont les plus grands Jours de l'Eté*; & qu'à *la ſainte Luce les Jours ſont crûs du ſaut d'une puce*,) ne ſe trouvent plus vrais aujourd'hui, quoi qu'ils le fuſſent avant la Reformation du Calendrier. En effet, 1°. le 11 Juin, jour de la Fête de la ſaint Barnabé, répondoit avant la Réformation au 21 du même mois, qui eſt le jour du Solſtice d'Eté, tems auquel les jours ſont les plus longs de l'année. 2°. Le 13 Decembre, jour de la Fête de ſainte Luce, répondoit avant la Reformation au 23 du même mois, qui eſt le lendemain du Solſtice d'Hiver, tems auquel les jours commencent à croître.

TABLE de ce que l'on a à depenser par jour, à proportion de ce qu'on a de Revenu annuel.

Livres.					Livres.	Sols.	D.
10. par an font par jour.							6.
20.						1.	1.
40.						2.	2.
80.						4.	4.
100.						5.	5.
200.						10.	11.
300.						16.	5.
400.					1.	1.	11.
500.					1.	7.	4.
600.					1.	12.	10.
700.					1.	18.	4.
800.					2.	3.	10.
900.					2.	9.	3.
1000.					2.	14.	9.
2000.					5.	9.	6.
3000.					8.	4.	4.
4000.					10.	19.	2.
5000.					13.	13.	11.
10000.					27.	7.	11.
15000.					41.	1.	10.
20000.					54.	15.	6.
30000.					82.	3.	9.
40000.					109.	11.	8.
50000.					136.	19.	7.
100000.					273.	19.	2.

Remarques *sur la Maniere dont on doit regler une* MONTRE.

POur pouvoir regler une Montre, il faut avant toute chofe que fon mouvement foit regulier, c'eſt-à-dire, que ſi elle avance ou retarde, elle doit avancer ou retarder également dans des eſpaces de tems égaux ; ce qui dépend uniquement de la bonté de ſa conſtruction : car ſi elle eſt irreguliére & inégale dans ſes avancemens ou retardemens, comme il arrive à bien des Montres, qui, quand elles ont été montées, commencent par avancer, & retardent enſuite ſur ſa fin de leur mouvement ; il ne faut pas eſperer en ce cas de pouvoir jamais la regler par ſoi-même, & il n'y a d'autre parti à prendre que celui de la remettre entre les mains de l'Horlogeur.

Mais ſi le mouvement de cette Montre eſt uniforme, enforte qu'après l'avoir montée à une certaine heure, on trouve, par exemple, qu'elle avance ou retarde d'une minute une heure après ; de deux minutes au bout de deux heures ; de trois minutes au bout de trois heures ; & ainſi de fuite, en avançant ou retardant également d'une minute par chaque heure ; (ce qu'on pourra connoître facilement en la comparant d'heure en heure avec un bon Cadran ſolaire, ou une Pendule bien réglée, & réiterant pluſieurs fois cette experience,) alors c'eſt une marque que ſon mouvement eſt regulier, & il ne s'agit plus que d'une legere operation pour la regler par ſoi-même, & faire qu'elle aille très-juſte, ſans avoir beſoin du ſecours de l'Ouvrier.

Il faut obſerver pour cela que dans toutes les

Montres il y a proche le Balancier un petit Cadran
ou Rofette d'Argent, fur laquelle font gravés plufieurs chiffres qui vont toujours en augmentant, quelquefois de droite à gauche, mais plus ordinairement
de gauche à droite, du même fens que les heures
qui font marquées fur le grand Cadran, & que fur
cette Rofette il y a une petite aiguille ou *Index*,
qui fert à parcourir ces differens chiffres, en faifant
tourner avec le petit bout de la clef de la Montre
le quarré d'acier qui eft au milieu de cette Rofette.
Ceci une fois connu, quand vous voudrez avancer
votre Montre, vous aurez attention de faire tourner l'aiguille ou l'*Index* de fa Rofette en allant des
plus petits chiffres vers les plus grands ; & au contraire pour la retarder, vous ferez tourner l'*Index*
en allant des plus grands vers les plus petits : &
comme dans prefque toutes les Montres les chiffres
qui font marquées fur la Rofette vont en augmentant de gauche à droite, il fuffira en ce cas pour
avancer votre Montre de tourner l'*Index* de la
gauche vers la droite ; & au contraire pour la retarder, il faudra tourner l'*Index* de droit à gauche.

Mais pour marquer précifement de quelle quantité il faut faire tourner cette petite aiguille ou *Index*,
c'eft fur quoi l'on ne peut donner aucune regle certaine. Cela dépend uniquement de la maniére dont
les Montres font conftruites ; elles different prefque
toutes à cet égard, & dans deux Montres égales,
qui avancent regulierement par jour d'un même
nombre de minutes, on eft obligé quelquefois de
tourner l'*Index* beaucoup plus dans l'une que dans
l'autre, pour pouvoir les rétarder également.

La feule regle qu'on peut donner là-deffus, c'eft
l'experience : on aura foin d'éprouver à deux ou
trois fois differentes le changement qui fe fait dans
le mouvement de la Montre en tournant l'*Index*.

d'une certaine quantité, & en lui faisant parcourir, par exemple, une des divisions de la Rosette, à chaque fois, car cela servira de regle pour les autres, & par ce moyen on sçaura toujours à peu près de combien il faudra le tourner dans l'occasion pour pouvoir avancer ou retarder cette même Montre de 4, 5 ou 6 minutes, plus ou moins en 24 heures. Mais en general pour retarder ou avancer une Montre, il ne faut pas tourner l'*Index* de plus d'une demi ligne, ou d'une ligne au plus.

Il se trouve souvent des Montres qui n'avancent ou ne retardent que de 3 ou 4 minutes par jour, & même quelquefois moins, mais il ne faut pas négliger pour cela de les corriger ; car une erreur qui est insensible dans les commencemens devient très-considerable par la suite ; ainsi une Montre qui n'avançoit en commencement que de 2 minutes, se trouve avancer d'une demie heure au bout de quinze jours : cette correction est même plus necessaire à proprement parler pour les bonnes Montres que pour les mauvaises : car les mauvaises Montres avançant ou retardant tantôt plus tantôt moins, il se fait le plus souvent une compensation d'inégalités, qui au bout d'un certain tems & d'un grand nombre de variations de côté & d'autre, les raméne justes au tems, & les font paroître bonnes de mauvaises qu'elles sont ; c'est à quoi l'on est souvent attrappé, & cette erreur donne quelquefois occasion de condamner mal-à-propos de bonnes Montres, & d'en louer de bien mauvaises. Pour peu donc que votre Montre avance ou retarde, & se trouve derangée quand ce ne seroit que de quelques minutes, ne manqués pas de la régler ; cependant si cette variation n'étoit que d'une minute par jour ou environ, il vaudra mieux vous contenter de remettre l'aiguille sur l'heure de tems en tems, que de toucher pour si peu de chose au ressort spiral.

Voilà pour ce qui regarde la methode de régler les Montres fur la mefure ordinaire du tems, ou ce qui eft la même chofe, fur le moïen mouvement du Soleil. A l'égard de la maniere dont il faut s'y prendre pour les remettre fur l'heure, lors que l'aiguille s'eft derangée, foit parce qu'on a oublié de les monter, ou pour quelqu'autre caufe, on n'en dira rien ici, cela étant trop facile & connu de tout le monde. On obfervera feulement qu'il y a bien des Perfonnes qui apprehendent de faire tourner l'aiguille des minutes ou des heures de gauche à droite, quand ils veulent retarder leurs Montres, & s'imaginent que cela eft capable de les déranger; mais c'eft une erreur dans laquelle ils font fur ce point, & dont il eft bon de les défabufer. Il n'y a que les Montres à fonnerie d'ancienne fabrique, où cette manière de tourner l'aiguille pourroit apporter quelque dérangement, car pour les nouvelles, même à repetition, on n'a point à craindre cet inconvenient.

Une autre attention qu'il faut avoir quand on veut regler une Montre, c'eft de ne la point regler fur les Horloges de la Ville qui varient très-fouvent, & different les unes des autres, mais fur une Meridienne éxacte, comme celle du Martroi, ou fur le Cadran qui eft dans la même Place; ou à leur défaut fur quelques bons Cadrans folaires, tels que font, par exemple, ceux que l'on voit dans la Cour des Benedictins de cette Ville, qui font de la conftruction du Pere *Jean Alexandre*, fçavant Religieux de cette Congregation,

Enfin une derniere attention qu'il eft neceffaire d'avoir pour entretenir toujours une Montre en bon état, c'eft de la monter regulierement tous les jours, & faire enforte que ce foit toujours à peu près à la même heure; comme auffi de la tenir toujours dans la même fituation, & principalement dans un état de fufpenfion.

On ne dira rien ici fur la maniére de corriger les Montres par l'Equation du Soleil ; ce qu'on appelle ordinairement l'*Equation des Horloges*. Cette Matiére a paru trop peu importante dans l'ufage ordinaire de la vie, pour donner ici une Table à ce fujet ; puifque la difference du mouvement du Soleil, ou moûvement d'une Montre ou d'une Pendule exacte & bien reglée, ne va qu'à quinze minutes ou environ en trois mois de tems. D'ailleurs il fe trouve très-peu de Perfonnes qui fçachent fe fervir de cette Table comme il faut, & en tirer tout l'avantage neceffaire ; cependant fi l'on a befoin de cette Equation, on la trouvera avec la maniére de s'en fervir, dans l'Almanach qui s'imprime tous les ans à Paris, chez la veuve *Colombat*, ou mieux encore, dans les Livres d'Ephemerides, ou elle eft beaucoup plus éxacte & détaillée : mais pour l'ufage ordinaire de la vie, il vaut beaucoup mieux regler de tems en tems fa Montre fur un bon Cadran, que de s'affujettir plufieurs fois par femaine à réchanger l'aiguille de quelques minutes, conformément à ce qui eft marqué par cette Table.

✶✶✶✶✶✶✶✶✶✶✶✶✿✶✶✶✶✶✶✶✶✶✶✶✶

De la Declinaifon de l'Aiguille aimantée, & de la Maniere de fe fervir de Cadrans folaires à bouffoles.

L'Aiguille aimantée decline cette Année 1752 de dix-fept degrés o de minutes du Nord vers l'Occident ; c'eft-à-dire, qu'au lieu que l'aiguille des Bouffoles devroit tourner précifémeut vers le Nord, comme elle faifoit il y a 80 ans, elle tourne à préfent un peu du côté de l'Occident, & décline vers cette partie du monde d'environ la cinquiéme partie de la diftance qu'il y a entre le Point du *Nord* & celui d'*Occident* prife fur l'horifon.

Cette variation dont on ignore abſolument la cauſe, a toujours été en augmentant tous les ans depuis l'année 1666, que l'aiguille aimantée ne dé-clinoit point du tout, & regardoit préciſément le Nord. Avant ce tems-là elle declinoit du côté de l'Orient, comme nous l'apprenons par les obſerva-tions qu'en ont fait pluſieurs Sçavans.

Quand on connoit une fois la déclinaiſon de l'ai-guille aimantée, il eſt très-facile de ſe ſervir de ces petites Bouſſoles ou Cadrans ſolaires qu'on appelle ordinairement *Bouſſoles de Buterfield*, du nom de l'Ouvrier qui les a mis en vogue, & de ſçavoir par leur moyen l'heure qu'il eſt au Soleil. Il ſuffit pour cela, 1°. De les bien orienter, ce qu'on fera aiſé-ment, en les plaçant exactement de niveau & les tournant juſqu'à ce que l'aiguille de la Bouſſole ré-ponde préciſément au Point de 10 heures & demie pris ſur le Cadran des heures ſur leſquelles on ſe regle. 2°. Il faut obſerver de mettre l'Axe ou ſtile du Cadran à la hauteur du Pole convenable. Cette hauteur de Pole, eſt de 47 degrés 54 minutes pour Orleans, mais on peut la ſuppoſer de 48 degrés juſqu'à dix lieues la ronde ſans aucune erreur ſenſi-ble : ainſi il faut que le bec de l'oiſeau de cuivre ou d'argent qui ſert de ſtile à ces ſortes de Cadrans, & qu'on peut faire mouvoir aiſément, ſoit placé ſur le chiffre 48. 3°. Comme il y a trois Cadrans, ou rangées d'heures differentes au tour du cercle de la Bouſſole, il faut ſe ſervir de celui qui convient à la hauteur du Pole de cette Ville, & c'eſt ordinaire-ment le ſecond rang extérieur dans ces ſortes d'inſ-trumens. C'eſt auſſi à l'heure de ce Cadran qu'on doit faire repondre l'aiguille aimantée de la Bouſſole quand on veut l'orienter. Ces precautions étant priſes, l'ombre du ſtile, ou Axe, marquera exacte-ment ſur la circonference convenable pour 48 degrés, l'heure qu'il eſt au Soleil.

Il faut bien prendre garde quand on veut se servir de ces sortes de Cadrans, de les approcher d'aucun endroit où il y ait du fer, parce que cela changeroit la direction de l'aiguille aimantée.

✳✳✳✳✳✳✳✳✳✳✳✳✳✳✳✳✳✳✳✳✳✳✳✳

METHODE *simple & facile pour tracer un Meridien ou Ligne de Midi.*

IL faut choisir un Mur blanc exposé à peu près au Soleil du midi, & y attacher une Verge de fer dont l'extremité soit taillée en bouton, ensuite à l'heure de Midi observé une seule fois sur une bonne Montre ou Pendule, on fera une marque à l'endroit où le milieu du bouton fait son ombre au Soleil, & l'on tirera par ce point une ligne à plomb d'une longueur à discretion qu'on marquera en noir, afin qu'on la puisse voir de loin, & cette ligne sera une *Meridienne* ou *Meridien*, (comme on voudra l'appeller,) qui servira pour avoir exactement l'heure du Midi pendant toute l'année.

Au lieu d'une Verge de fer on peut se servir d'un baton dont l'extrêmité soit aussi taillée en bouton, mais en ce cas il faut bien prendre garde qu'on ne le dérange point. On peut encore se servir au lieu de baton, de l'extrêmité d'une goutiere ou d'une enseigne, &c. mais cette maniere n'est pas si exacte.

Remarquez qu'il n'est pas necessaire que la Verge de fer ou baton soit attachée à plomb dans le Mur, & qu'il est indifferent qu'elle soit droite ou tortuë, parce qu'il n'y a que l'extrêmité du bouton qui sert. Ces sortes de Meridiennes sont d'un grand usage à la Campagne.

✿✿✿
✿✿

www.ingramcontent.com/pod-product-compliance
Lightning Source LLC
Chambersburg PA
CBHW070415090426
42733CB00009B/1676